U0863972

总主编　胡云腾
学术总顾问　高铭暄

北京师范大学刑事法律科学研究院
外国刑法典译丛

德国刑法典

DAS DEUTSCHE STRAFGESETZBUCH

周维明◎译
张正宇◎审校

法律出版社
LAW PRESS·CHINA
北京

图书在版编目（CIP）数据

德国刑法典 / 周维明译. -- 北京 : 法律出版社, 2025. -- (北京师范大学刑事法律科学研究院外国刑法典译丛). -- ISBN 978-7-5197-9584-9

Ⅰ. D951.64

中国国家版本馆 CIP 数据核字第 20240MG715 号

德国刑法典
DEGUO XINGFADIAN

周维明　译
张正宇　审校

策划编辑 朱　峰
责任编辑 金　姗
装帧设计 臧晓飞

出版发行 法律出版社
编辑统筹 辞书·融出版编辑部
责任校对 裴　黎
责任印制 吕亚莉
经　　销 新华书店

开本 710 毫米×1000 毫米　1/16
印张 16　　**字数** 180 千
版本 2025 年 3 月第 1 版
印次 2025 年 3 月第 1 次印刷
印刷 北京建宏印刷有限公司

地址:北京市丰台区莲花池西里 7 号(100073)
网址:www.lawpress.com.cn
投稿邮箱:info@lawpress.com.cn
举报盗版邮箱:jbwq@lawpress.com.cn

销售电话:010-83938349
客服电话:010-83938350
咨询电话:010-63939796

版权所有·侵权必究

书号:ISBN 978-7-5197-9584-9　　**定价**:65.00 元

凡购买本社图书,如有印装错误,我社负责退换。电话:010-83938349

学术总顾问

高铭暄

总主编

胡云腾

编审委员会委员

（以姓氏笔画为序）

冯　军　刘宪权　齐文远　张明楷
张智辉　陈兴良　陈忠林　陈泽宪
莫洪宪　黄　风　梅传强　谢望原

编辑委员会

主　任

周振杰　张雪纯

编辑统筹

朱　峰

执行编辑

（以姓氏笔画为序）

马秋婧　杨　超　邱　陵　余秋莉
金　姗　赵　路　商浩文

总　　序

刑法是惩罚犯罪与保障人权的重器，刑法典是法律体系中的大典。当今世界，各国无不重视制定和修订刑法，不仅实行成文法传统的大陆法系国家均制定了刑法典并不断加以修订，如德国、法国和日本等，而且实行案例法传统的英美法系国家也制定了单行的刑法或者统一的刑法典，前者如英国、美国，后者如印度、新加坡等。用刑法典或者成文刑法维护国家安全和根本利益，保障公民人身和财产权利，保护经济发展和社会稳定，已经成为各国通行的做法和全球化趋势。

新中国成立以来，党和国家高度重视刑事立法。新中国成立之初，中央人民政府就制定了《中华人民共和国惩治反革命条例》《妨害国家货币治罪暂行条例》《中华人民共和国惩治贪污条例》等单行法律，为惩治相关犯罪提供了明确依据。改革开放以后，全国人民代表大会在 1979 年颁布的 7 部重要法律中，就有《中华人民共和国刑法》，这是新中国制定的第一部具有刑法典性质的刑法。此后，为适应严厉打击刑事犯罪的需要，全国人大常委会相继制定了 20 多部单行刑法，并在一些行政和民商事法律中附带规定了刑法的内容。1997 年，全国人民代表大会出于统一刑事立法的考虑，通过系统整合 1979 年刑法、单行刑法和附属刑法规范，全面修订了《中华人民共和国刑法》，这实际上是一部名称上没有加“典”字的刑法典，首次实现了刑法体系的科学化和系统化。

1997 年刑法实施以后，刑法的修改一直采取修正案的形式，全国人大常委会现已出台了 11 个刑法修正案，在不打乱 1997 年刑法体系的基础上，增加、修改和完善了刑法的大量内容。与此同时，国家立法机关还制定了《中华人民共和国反有组织犯罪法》《中华人民共和国反电信网络诈骗法》等含有诉讼程序、工作机制和刑法规范的综合性刑事法律，开创了刑事立法的新模式。

需要指出的是，我国在制定和修改刑法的各个时期中，学术界和立法机关都注意研究、借鉴域外的刑事立法规范和经验。改革开放40多年来的立法实践证明，这种坚持“以我为主、为我所用”的做法是实现我国刑事立法不断与时俱进，促进刑法体系现代化的有益举措。进入新时代，为了贯彻习近平总书记2020年11月在中央全面依法治国工作会议上提出的“坚持统筹推进国内法治和涉外法治”的要求，贯彻落实党的二十大报告关于“统筹推进国内法治和涉外法治”和“以中国式现代化全面推进中华民族伟大复兴”的重大部署，我们更要注重研究借鉴域外法治经验。统筹推进国内法治和涉外法治，实现中国式现代化，其中重要的内容就是法治的现代化，而法治现代化建设需要国际视野，法治现代化的重要特征是法治国际化。故翻译其他国家刑法（典），博采众长为我所用、与我互动，是完善我国刑法、推进刑事法治现代化的必要条件，也是统筹推进国内法治和涉外法治的有力举措。正是出于贯彻落实党中央和习近平总书记统筹推进国内法治和涉外法治的要求，全面、系统地了解、研究、借鉴相关国家刑事立法的最新发展，北京师范大学刑事法律科学研究院与法律出版社密切合作，决定组织翻译、出版一批外国刑法（典）。

回顾历史，在中华法系从自成一体到开放兼收的转变历程中，翻译外国法律（典）的工程功不可没。经查询北京师范大学图书馆、首都图书馆及国家图书馆有关资料，我国翻译、出版代表性国家刑法（典）的活动肇始于清末修法运动，自1903年出版邱起霖笔述《印度刑律二卷》到2023年120年间，约有138部刑法（典）译作在国内出版。总体上讲，我国翻译和引介外国刑法（典）的历史大致划分为四个时期。

第一个时期是清末民初时期。清政府决定变法修律后，先于1904年设立了修订法律馆，后于1905年设立了考察政治馆。在考察西方国家主要是大陆法系国家法律的基础上，作出了变法要效法日本法律制度的抉择。之所以如此，正如时任清廷修律大臣沈家本所言：日本旧时制度，唐法为多。明治以后，采用欧法，不数十年，遂为强国，是岂徒慕欧法之形式而能若是哉？其君臣上下,同心同德,发愤为雄,不惜财力以编译西人之书,以研究西人之学,弃去糟粕而撷其英华,举全国之精神,胥贯注于法律之内,故国势日张,非偶然也。[①] 故在1904年与1905年出版的10部刑法(典)译作中,日本不同版本的刑法占了7部;至1911年辛亥革命前夕,以单行本、法规大全等形式出版的37部刑法(典)译作中,有关日本刑法的有17部。

第二个时期是辛亥革命胜利至新中国成立时期。辛亥革命虽然推翻了清王朝,但是清末修法的影响得以延续,尤其是在刑法方面,民国政府决定:晚清政府仿效大陆法系国家刑法制定并于1911年正式公布的"《大清新刑律》除与民国国体抵触各条应失效力外,余均暂行援用",故而更名为《中华民国暂行新刑律》。之后,又聘请日本学者参与并参照欧陆日本刑事立法,尤其是德国、日本刑法,相继制定了2部中华民国刑法。与此同时,在革命根据地,苏联法律发挥了重要影响。[②] 这一时期翻译出版的7部刑法(典)译作中,2部为德国刑法、3部为苏联刑法。

第三个时期是新中国成立至改革开放时期。新中国成立之后,苏联立法成为新中国借鉴的立法样本,正如日本学者铃木贤所言:"对于极其缺乏对西方法律研究积累的当时的中国而言,苏联法成为唯一的参考对象。"[③]因此,在1949年至1979年之间翻译出版的9部刑法(典)译作中,有3部是苏联刑法;其余除1957年法律出版社出版的《印度刑法典》外,都为前苏联国家的刑法。需要指出的是,受国内形势影响,在1962年至1979年之间,并无外国刑法(典)译作出版。

第四个时期是改革开放至新时代时期。这一时期又可分为两个阶段。第一个阶段是20世纪80年代到90年代。在这段时期,虽然更多国家的刑法(典)被翻译进来,而且出现了英美法系国家的刑法(典)译本,但主要还是以大

---

① 参见沈家本:《新译法规大全序》,载沈家本撰:《历代刑法考》(四),邓经元、骈宇骞点校,中华书局1985年版,第2242页。

② 参见范忠信、叶峰:《中国法律近代化与大陆法系的影响》,载《河南省政法管理干部学院学报》2003年第1期。

③ 王志华:《苏联法影响中国法的几点思考》,载《华东政法大学学报》2008年第1期。

陆法系国家刑法的译本为主。据不完全统计，在 1980 年至 2000 年之间翻译出版的 14 部刑法(典)译作中，绝大多数为德国、日本、韩国等属于大陆法系国家或地区的刑法，英美法系国家的刑法仅有 1998 年四川大学出版社出版的《印度刑法典》与 1999 年中国政法大学出版社出版的《加拿大刑事法典》。第二阶段为 2000 年之后。在这一阶段，随着改革开放的深入与法治进程的推进，刑法(典)翻译真正实现了百花齐放。截至 2020 年出版的近 70 部刑法(典)译作中，几乎囊括了各大法系、各大陆主要国家的刑法。

近 10 余年来，许多国家因应新的社会治理要求，频繁修改刑事立法。例如，德国从 1998 年起对其刑法进行了 100 余次修订，仅在 2021 年就修订了 8 次，对有关互联网犯罪、强迫卖淫罪以及儿童性犯罪的条款进行了大幅修订。自 2011 年以来，日本也 10 余次修订刑法，增设了部分缓刑制度，大幅修订性犯罪立法，并对照民法等前置法的修订，调整了相关刑法条文。我国进入 21 世纪以来，为适应经济社会发展变化和预防惩治犯罪的新情况和新需要，不断修改完善刑事法律。尤其是 2013 年 9 月和 10 月，习近平总书记分别提出了建设"丝绸之路经济带"和"21 世纪海上丝绸之路"的合作倡议。截至 2023 年 1 月 6 日，中国已经与 151 个国家和 32 个国际组织，签署了 200 余份共建"一带一路"合作文件。[①] 中国企业"走出去"面临诸多法律风险，如何应对有些国家借"长臂管辖"等之名对我国企业进行打压，规避可能发生的刑事法律风险，已经成为中国企业走出国门、保护自身合法权益必须重视的问题。

有鉴于此，北京师范大学刑事法律科学研究院充分发挥本院的专业化和国际化优势，法律出版社充分发挥多语种出版优势，共同设立"外国刑法典译丛"项目，全面系统翻译各主要国家的刑法(典)。首批遴选德国、日本、英国、美国等两大法系代表性国家，新加坡、哈萨克斯坦、俄罗斯等"一带一路"共建国家以及希腊、墨西哥、芬兰等经济合作与发展组织(OECD)国家的 40 余部最新刑法(典)，组织精通英语、法语、德语、日语、俄语等语种的专业人士分批翻译出

---

① 参见中国一带一路网，https://www.yidaiyilu.gov.cn/xwzx/roll/77298.htm，最后访问日期：2023 年 2 月 10 日。

版。本译丛编审委员会由国内著名刑法学专家组成,特邀请人民教育家、国际刑法学协会名誉副主席暨中国分会名誉主席、中国刑法学研究会名誉会长、中国人民大学荣誉一级教授高铭暄先生担任译丛学术总顾问,最高人民法院大法官、中国法学会案例法学研究会会长胡云腾教授担任总主编,北京师范大学刑事法律科学研究院副院长兼安徽师范大学法学院院长周振杰教授与法律出版社副总编辑张雪纯先生担任编辑委员会主任。希望"外国刑法典译丛"能成为广大读者学习、研究、借鉴域外刑事法律的重要帮手,进而成为推动中国涉外刑事法治建设的外法资源。当然,由于经验不足,水平有限,书中定有不足不妥之处,尚请各位同人批评指正。

编辑委员会

2023 年 3 月 2 日

导　读

现行的《德国刑法典》源自1871年《德意志帝国刑法典》。为了不断适应时代发展的需要,该法典历经多次修订。作为德国法治体系中核心的法律文件之一,《德国刑法典》涵盖了德国刑事法律的基本原则、犯罪定义以及刑罚的适用标准。它不仅奠定了德国刑事司法的基础,也在很大程度上反映了德国社会对于公平、正义和秩序的理解与追求,在世界范围内具有重要影响。其中,立法机关专门针对《德国刑法典》的修订主要是通过颁布《刑法修正案》(StrÄndG)和《刑法改革法》(StrRG)的方式进行。迄今为止,除其他法律对刑法典的修改之外,德国已经颁布了60部刑法修正案和6部刑法改革法。

一、德国刑法典的产生与流变①

(一)1871年:《德意志帝国刑法典》的诞生

在19世纪初,德国尚处于邦联制的状态,不同邦国(如普鲁士、巴伐利亚等)各自拥有不同的刑法规范。在德国统一之前,各地区刑法的差异性较为显著。1871年,普法战争胜利后,德意志帝国统一成立,法律体系的统一成为国家构建的重要任务之一。

1871年5月15日,德国颁布《德意志帝国刑法典》,这是德国历史上首部

---

① 以下介绍参见Jescheck/Weigend, Strafrecht Allgemeiner Teil, 5. Aufl. 1995, S. 97 ff.; Eser, in: Schönke/Schröder Strafgesetzbuch Kommentar, 30. Aufl. 2018, Einführung Rn. 1 ff.; 程红:《德国刑事立法的最新动态及解读》,载《国外社会科学》2019年第4期;徐久生:《〈德国刑法典〉的重大变化及其解读》,载《德国刑法典》,徐久生译,北京大学出版社2019年版,第1~18页;王钢:《德国近五十年刑事立法述评》,载《政治与法律》2020年第3期;[德]谭雅·尼德胡博:《德国刑法典的最新发展》,刘继烨译,载《法理——法哲学、法学方法论与人工智能》2021年第1期。

全国性的刑法典,反映了德国国家统一与法治统一的历史趋势。该法典主要基于1851年的《普鲁士刑法典》(Preußisches Strafgesetzbuch),同时吸收了其他德意志邦国的法律经验和启蒙时代的刑法思想,标志着德国刑法现代化的开端。

该法典虽然是当时最先进的刑法之一,但仍具有浓厚的威权主义色彩,刑罚侧重惩罚和威慑。值得注意的是,1871年的刑法典沿用了中世纪以来对"荣誉犯罪"和"国家犯罪"的严格规定,如对亵渎宗教、侮辱皇室的严厉惩罚。

(二)20世纪初至"二战"前:魏玛共和国时期的修订

1919年,第一次世界大战后,德意志帝国崩溃,魏玛共和国成立。1920年至1933年,在魏玛共和国期间,德国经历了巨大的政治变革,德国的社会、经济及政治体制面临新的挑战,德国的刑法体系也随之经历了若干次重要修订。这一时期的修订反映了民主化与现代刑法理念的推进,特别是引入了人道主义刑罚观念。在魏玛共和国时期,立法者开始关注犯罪的社会背景与犯罪者的再社会化问题,重视刑罚的预防与矫正功能,而非仅仅是惩罚与报复。刑法典也朝着更加宽容和人道的方向发展。例如,刑法中的死刑在这一时期逐渐被废除(尽管这一改革在纳粹时期被逆转)。1921年至1924年《罚金刑法》的颁布与完善,为罚金刑的大量适用创造了制度基础。1933年的《惯犯法》引入了矫正与保安处分,双轨制刑事制裁体系初见雏形。

值得一提的是,1924年颁布的《青少年法院法》(Jugendgerichtsgesetz)是魏玛共和国时期的重要立法,它倡导教育和矫正理念,为青少年犯罪的处理提供了特殊规则,使各州司法行政部门原先已经建立的青少年法院得到法律上的承认。

(三)纳粹时期(1933年至1945年):刑法的极端化与滥用

纳粹德国时期的刑法发展是德国法制史上最黑暗的一页。在这一期间,德国刑法呈现出强烈的工具化色彩。一方面,许多刑法条款被修改,被广泛用于政治镇压和迫害反对派,刑法中的国家安全和反国家犯罪条款被滥用。纳粹政府还通过一系列新的法令,大幅度扩展了死刑的适用范围,并引入了诸如"破坏国家团结罪"和"种族玷污罪"等能够被恣意解释与适用的新罪名。另一方面,德国刑法中的罪刑法定原则被破坏。纳粹时期广泛推行"类推适用"原则,允许法官依据政治需要随意解释和扩大法律条文的适用范围，违背了法治国家原则中“罪刑法定”这一基础性的刑法理念。

（四）“二战”后：两德分裂与法律的重建

第二次世界大战结束后，纳粹政权被推翻，德国的法治体系进入重建阶段。德国迅速清除了刑法中纳粹统治制度的残余，重新确立了法治与民主的刑法理念。战后，《德国基本法》废除了死刑，因此刑法修订的首要任务之一便是确保罪刑法定原则在刑法中得以贯彻，禁止纳粹时期对刑法条文的类推适用、禁止不确定刑、禁止溯及既往。此时的德国被分为东德（民主德国）和西德（联邦德国），两国分别发展了独立的刑法体系：西德继承了1871年《德意志帝国刑法典》的基本框架，东德则在1949年建立了独立的社会主义法律体系。

（五）1969年至1975年：刑法大改革（Die groβe Strafrechtsreform 1969）

20世纪70年代是联邦德国刑法发展的重要时期。1969年至1975年，联邦德国进行了大规模的刑法改革，此次改革主要由1969年6月和7月先后颁布的两部刑法改革法组成，从中形成了现行《德国刑法典》的基本框架。这次修订的目的是实现刑法的现代化和人性化，重点在于：第一，明文规定罪刑法定原则。立法者在《德国刑法典》第一条明文规定了罪刑法定原则。第二，重构错误论。立法者在第十六条和第十七条分别规定了构成要件认识错误和违法性认识错误，从而确认了犯罪故意与违法性认识是两个不同的犯罪成立条件。第三，在刑法中明确紧急避险的法律效力。立法者在第三十四条和第三十五条分别规定了阻却违法的紧急避险和免责的紧急避险。第四，重视刑法的积极特殊预防效果，尽量避免短期自由刑的适用。立法者在构建刑罚体系时充分认识到，短期自由刑不仅难以有效威慑犯罪人，还容易导致行为人因在监狱中沾染恶习或因贴上犯罪人的标签，而难以重返社会，因此该种刑罚的适用只是例外（第四十七条）。此外，德国立法者还引入了日额罚金体系（第四十条至第四十三条），使得罚金刑在轻罪领域几乎取代了短期有期徒刑，成为适用最为频繁的主刑。第五，建立起了刑罚和保安处分并重的双轨制刑事制裁体系。出于社会防卫和犯罪人改造的双重目的，引入6项保安处分措施，即收容于精神病院（第六十三条）、收容于戒瘾机构（第六十四条）、保安监督（第六十六条至第六十六条之 c）、行为监督（第六十八条至第六十八条之 g）、剥夺驾驶许可（第六十九条至第六十九条之 b）和职业禁止（第七十条至第七十条之 b），以代替传统的监禁刑罚。第六，删除了大量旨在保护公众道德情感的条文。在自由主义思潮的影响下，德国社会的婚姻家庭观念和性观念均逐渐发生转变，刑事立法也开始减少对国民生活领域的介入。例如，德国立法者在拟定第十三章标题时，以“针对性自主权的犯罪”这一更为价值中立的表述取代了原来的“违反道德的犯罪”。此外，第一百七十五条“同性性行为罪”也于 1994 年从刑法典中删除。

（六）两德统一前后的修订（1990 年后）

1990 年东德和西德的统一标志着德国历史上的又一次重大转折。德国统一后，联邦德国的刑法典被扩展至整个统一的德国，成为全国适用的刑法体系。德国刑法也面临新的社会问题和挑战，例如跨国犯罪、恐怖主义、网络犯罪等。为了应对这些新问题，《德国刑法典》不断进行现代化调整，修正了诸多领域的刑事立法，包括恐怖主义犯罪、性犯罪、经济犯罪、环境犯罪、毒品犯罪等，以适应新的犯罪形态和犯罪全球化的挑战。

（七）21 世纪德国刑法的演进

进入 21 世纪，德国成为欧洲一体化的核心推动者之一，德国刑法进一步关注诸如网络犯罪、仇恨言论、数据隐私保护等新型犯罪领域。同时，德国的刑法改革也越来越注重与欧盟法、国际法的协调。针对欧洲刑法一体化的趋势，德国刑法不断调整，确保与欧盟法律框架的一致性。例如“9·11”恐怖袭击事件后，联合国安理会迅速通过了第 1373 号决议，要求各国采取有效措施，预防和制止恐怖主义行为。2002 年 6 月，欧盟理事会也通过了《打击恐怖主义框架决定》，要求欧盟成员国确保对恐怖主义及其关联罪行加以刑事制裁。为履行这些国际文件所规定的义务，德国立法者于 2002 年在《德国刑法典》中增设第一百二十九条之 b，对在德国国外建立犯罪组织或恐怖组织的行为也科处刑罚。

除此之外，立法者仍在积极推进各重点领域的刑事立法：

一是体育犯罪。增设第二百六十五条之 c“体育竞赛诈骗罪”和第二百六十五条之 d“操纵职业体育竞赛罪”，处罚运动员、教练员等以操纵体育竞赛或职业体育竞赛结果为对价，索要、要求他人承诺或接受好处的行为；处罚他人为影响体育竞赛或职业体育竞赛结果而向运动员、教练员等提供、承诺给予或交付好处的行为。

二是恐怖主义犯罪。德国立法者在2009年的反恐刑事立法主要侧重于实现刑法介入的早期化。申言之，针对国际恐怖组织化整为零、分散行动，广泛利用网络等新媒体传播、招募、培训恐怖分子的去中心化倾向，以及许多恐怖袭击在预备、实行和既遂之间的时间间隔都特别短暂等情况，《德国刑法典》中增设了第八十九条之a“预备实施严重危害国家的暴力犯罪”、第八十九条之b“建立与严重危害国家的暴力犯罪的联系”以及第九十一条“指导实施严重危害国家的暴力犯罪”等罪名。

三是儿童和被保护人的性犯罪。2015年通过的《第49部刑法修正案》使儿童和被保护人的性权利得到进一步保护。首先，延长追诉时效，将针对儿童实施的性犯罪的追诉时效的届满期限延长至被害人年满三十周岁。其次，严密法网，增设第二百零一条之a，处罚未经被害人同意制作、传递、传播、展示他人处于无助状态下的影像。再次，扩大受害人的范围。将第一百七十四条第一款第三项规定的行为对象范围从原来的“自己的未满十八周岁的亲生子女或养子女”修改为“未满十八周岁并属于自己、配偶、生活伴侣或类似配偶或生活伴侣关系的共同体的人的自然或法定卑亲属”；将原来第二款所规定的模糊的行为主体明确为“教养、培训或生活照管机构内的人”。最后，提升法定刑。德国立法者提高了第一百七十四条之a“对囚犯、受官方羁押的人、机构中的病人与需要帮助者的性侵害”，第一百七十四条之b“利用公务地位的性侵害”，第一百七十四条之c“利用咨询、医疗或照管关系的性侵害”的法定刑。

四是交通犯罪。在德国，公路上的非法机动车竞赛引起的事故频繁发生，直接导致了驾驶人员与无辜路人的重伤或死亡。有鉴于此，立法者在刑法典中新增第三百一十五条之d“机动车辆竞驶”和第三百一十五条之f“没收”两条款。其中，前者旨在提升故意参加非法机动车辆竞驶并且过失导致他人死亡所应科处的法定刑。[1] 而后者则通过"没收机动车"这一处罚,给非法机动车辆竞驶的参赛者带来严重后果。即便参赛者为了避免车辆被没收而进行交换或者转让的行为,也可根据第七十四条之a的规定对第三人进行没收。

五是保安监督的适用。在20世纪90年代,德国发生的几起性侵并杀害儿童的案件被媒体广泛报道,从而引发了德国社会要求对具有高度再犯危险的犯罪人适用保安监督的呼声。为满足该诉求,德国立法者于1998年在《德国刑法典》第六十六条中新增第三款,对实施性犯罪、危险性较大的故意伤害以及虐待受照护人犯罪等的行为人规定了更为宽松的适用保安监督的条件,同时删除了第六十七条之d中对首次被判处保安监督的行为人的监督期限不得超过十年的限制。2002年,德国立法者在《德国刑法典》中增设第六十六条之a,规定在不能确定地判断行为人的再犯危险时,法院可以对保安监督作出保留,并将保安监督的适用范围扩大至被判处无期徒刑的行为人。

六是没收制度的改革。德国于2017年对刑事没收制度进行改革,根据没收对象的不同,明确将犯罪物品没收区分为刑罚没收(第七十四条)和保安没收(第七十四条之b),前者规定的没收对象是犯罪所生之物以及犯罪相关之物,此种没收具有刑罚的性质,没收的依据是行为人之前实施了犯罪,即以行为人具有罪责为没收前提;而后者规定的没收对象是对公众有危险性或可能用于实施犯罪行为的危险物品,没收的依据是行为人将来很可能实施违法犯罪活动,即以行为人具有再犯危险性为没收前提。

总之,自1871年以来,德国刑法经历了漫长的发展过程,反映了德国在社会结构、法律理念以及政治体制等方面的巨大变迁。现行的《德国刑法典》经过数十次修正,形成了现代化的法律框架,代表了德国社会对法治、公正和人权的追求。其不仅是德国刑法制度的基石,也是德国法律文化的重要体现。

二、现行刑法典的基本原则

现行的《德国刑法典》秉持着现代法治国家的核心理念,强调保护个体基本权利、保障社会秩序以及公平、公正地处理犯罪行为。这些理念体现在一系

---

① 此前只能定过失致人死亡罪,刑罚幅度畸轻。

列基本思想和原则中,构成了德国刑法的理论基础和具体运作框架。

(一)罪刑法定原则

罪刑法定原则的基本含义是,法无明文规定不为罪,法无明文规定不处罚。这一原则保证了公民行为的可预见性,避免了司法机关的恣意裁量,确保法律的确定性和公平性。罪刑法定原则是现代刑法的重要基石之一,体现在《德国基本法》第一百零三条第二款以及《德国刑法典》第一条之中。将罪刑法定原则上升为宪法规定意味着,刑事立法、立法解释、学理解释与刑事司法均不能违背该原则。该原则进一步下辖禁止溯及既往、禁止不确定刑、禁止类推、禁止习惯法四项下位原则。

(二)法律面前人人平等

这是德国刑法的核心理念之一,强调刑法应当在不分性别、种族、宗教、政治信仰等因素的情况下,平等地适用于每一个人。每个公民都应当能够根据刑法的规定,预见其行为可能带来的法律后果,从而具有法律上的确定性与安全感。法律的平等适用不仅意味着同罪同罚,也意味着无罪推定以及对所有人行为的合法性进行平等评判。

(三)刑法的最后手段性

刑法在法治国家中被视为最后手段,仅在其他法律手段无法有效维护社会秩序或保护个体权利的情况下才予以适用。刑法的目的是保障社会的最基本规则,因此,它只应针对那些严重威胁社会和个人的行为。对于轻微的行为,刑法不应轻易介入,而应通过行政手段或民事手段加以处理。

(四)惩罚与预防相结合原则

刑法不仅仅是对违法行为的报复性制裁,还具有社会预防的功能。这意味着刑法通过威慑和处罚,防止潜在犯罪的发生,保护社会秩序与公共安全。预防功能分为两种:一般预防,通过对犯罪行为的刑罚,警示全社会,让公众意识到违法行为的后果,从而避免犯罪行为发生。特殊预防,旨在通过对特定犯罪人施加刑罚,防止其再次犯罪,重视犯罪人的教育和再社会化,帮助其回归社会。

(五)比例原则

比例原则规定刑罚的严厉性应与犯罪的严重性相匹配,即刑罚必须合理适度,既不能过轻,也不能过重。刑事法律后果必须是以惩罚和预防犯罪为正当目的,适当的、必要的和妥当的手段。比例原则通过“目的—手段”两个维度来规范国家刑罚权的行使。其中,适宜性原则(有效性原则)是指公权力的行使手段必须是能够实现惩罚和预防犯罪之目的。必要性原则(最小侵害性原则)是指刑罚权的行使不能造成不必要的侵害,即在能够达到法定目的的所有手段中,应当选择对犯罪人个人权利损害最小者。均衡性原则(相称性原则或狭义比例原则),是从“法律后果”来考察手段的正当性,要求刑罚权行使所增进的公共利益与其所造成的损害成比例,只有前者大于后者时,该手段才具有相当性。

(六)法益保护原则

法益保护原则是指刑法的核心任务是保护法律所承认的社会和个人的利益,刑法只应针对那些严重侵害或威胁法益的行为进行规制。所谓“法益”包括个人法益(如生命、身体、自由、财产等)和超个人法益(如公共安全、国家安全、经济秩序等)。因此,刑法的适用范围必须与所保护的法益相对应,不得为了惩罚而惩罚。

界定法益必须遵循以下规则:一是法益必须与利益相关联。二是法益必须是受刑法保护的利益。三是法益作为犯罪所危害的利益,必须具有可侵害性。四是法益必须和人关联,超个人法益必须与个人法益之间建立起关联,方可明证其自身的合法性。五是刑法将什么作为法益予以保护,必须符合宪法所规定的原则与规则;宪法要求刑法保护的利益,应当成为刑法上的法益。

(七)罪责原则

罪责原则包含个人责任原则与主观责任原则。其中前者强调刑罚只能对特定的个人施加,不得将某一群体或集体视为一个独立的处罚对象。刑法的处罚对象必须是独立的个人,而非基于种族、性别、阶级或其他群体身份。这一原则确保了刑罚的个体化,禁止对群体进行集体处罚。而后者则强调只有当行为人对其行为负有主观责任时,才能被追究刑事责任。刑法不仅仅关心行为的客观后果,还必须审查行为人的主观状态,即是否存在故意或过失,是否具有责任能力与期待可能性。

三、翻译说明

我国的法律制度与德国法有着非常密切的关系。中国近代法制改革是以德国法为蓝本进行的。早在清末变法修律时,就把德国法作为重点移植对象。民国时期,“六法全书”直接吸收引进了德国成文法典法律体系的诸多内容。在我国改革开放后建立中国特色社会主义法律体系的进程中,学习德国法的脚步仍然没有停止。《德国刑法典》是德国法律体系中的佼佼者,德国刑法学体系是德国法律人引以为傲的心智出口产品,已经对世界100多个国家和地区产生了影响。有人甚至夸张地宣称,“谈德国刑法就是在谈世界刑法,谈世界刑法就是在谈德国刑法”。因此,《德国刑法典》对于我国刑事法律发展的借鉴意义是不言而喻的。研究揣摩乃至学习借鉴《德国刑法典》,离不开好的译本,在这方面早有珠玉在前:中国人民大学冯军教授翻译的《德国刑法典》(中国政法大学出版社2000年版);中国政法大学徐久生教授翻译的《德国刑法典》(中国法制出版社2000年版,并分别在2004年、2019年推出修订版);我国台湾地区学者李圣杰、潘怡宏也分别主持编译了《德国刑法典》及其修订译本(元照出版有限公司2017年版与2019年版)。需要注意的是,自2019年以来,《德国刑法典》又经历了多次修正,部分条文内容的修改可以用“翻天覆地”来形容。为使国内读者与《德国刑法典》的发展保持同步,译者不揣冒昧,在参考借鉴上述译本的基础上,根据《德国刑法典》的最新版本翻译出了最新译本。我们的目的不仅在于为国内提供一份具有学术与实务参考价值的比较法资料,更在于实现《德国刑法典》翻译事业的薪火相传。我们希望今后会有越来越多的人投身到《德国刑法典》的翻译和研究事业之中,让中国版的《德国刑法典》历久弥新。

在翻译过程中,我们发现德国刑法典的结构体例与中国的区别较大,为了便于中国读者理解,本法典的条文层次按照“条”“款”“项”“目”指代(标题序码形式分别为“第一条”“一”“(一)”“1”)。又由于德国刑法典的原文中存在“第X句”的表述,难以与中国立法体例相对应,故在出现上述表述的条款中的每一句前加了括号标识。见如下示例:

第五十六条之a 缓刑考验期

一、法院应确定缓刑考验期。缓刑考验期不得高于五年,不得低于二年。

二、(第一句)缓刑考验期自缓刑裁判生效时起算。(第二句)缓刑考验期可以在开始后缩短至最低期间或延长至最高期间。

德国刑法典

周维明* 译 张正宇** 审校

* 中国应用法学研究所副研究员。
** 中南财经政法大学刑事司法学院副教授。

制订日期:1871 年 5 月 15 日。

完整引用:1998 年 11 月 13 日颁行之刑法典(联邦法律公报 I,第 3322 页),由 2024 年 11 月 7 日的法律第 2 条第 2 款(联邦法律公报 2024 I,第 351 号)作最近一次修改。

目　　录

总　　则

分 则

总　则

第一章　刑　　法

第一节　效力范围

第一条　罪刑法定

对某行为科处刑罚的前提是,其刑事可罚性在该行为实施前已为法律所明文规定。

第二条　时间效力

一、刑罚及其附随后果的确定,适用行为实施时已颁布的法律。

二、如果法定刑在行为实施时发生变更,适用行为实施终了时有效的法律。

三、如果行为实施终了时有效的法律在裁判前发生变更,适用刑罚最轻的法律。

四、在确定的期间内有效的法律失效后,其仍适用于在其有效期间内实施的行为。如果其他法律有不同规定的,从其规定。

五、对于没收和销毁,适用第一款至第四款的规定。

六、对于矫正和保安处分,若无其他规定,适用裁判时有效的法律。

第三条　域内效力

本法适用于在德国境内实施的犯罪。

第四条　对在德国船舶上与航空器内实施的犯罪的效力

本法适用于合法悬挂德意志联邦共和国国旗、国籍标志的船舶、航空器内的犯罪,这类犯罪不受船舶或航空器所处国家的法律的制约。

第五条　与本国关系密切的在外国实施的犯罪

本法适用于下列在外国实施的犯罪,这类犯罪不受犯罪地所在国法律的制约：

（一）（删除）

（二）叛乱罪（本法第八十一条至第八十三条）。

（三）危害民主法治国家的犯罪：

1. 本法第八十六条第一款与第二款规定的犯罪，如果宣传材料以可被认识的形式在德国境内传播或向国内公众提供，且行为人为德国公民或其生存基础*位于德国境内；

2. 本法第八十六条之a第一款第一项规定的犯罪，如果标志以可被认识的形式在德国境内传播，或以国内公众能够获取的方式使用，或作为某项以可被认知的形式在德国境内传播的内容（本法第十一条第三款）的组成部分，且行为人为德国公民或其生存基础位于德国境内；

3. 本法第八十九条、第九十条之a第一款与第九十条之b规定的犯罪，如果行为人为德国公民或其生存基础位于本法的空间效力范围内；以及

4. 本法第九十条、第九十条之a第二款规定的犯罪。

（四）叛国与危害国家安全的犯罪（本法第九十四条至第一百条之a）。

（五）危害国防的犯罪：

1. 本法第一百零九条、第一百零九条之e至一百零九条之g规定的犯罪；以及

2. 本法第一百零九条之a、第一百零九条之d、第一百零九条之h规定的犯罪，行为人为德国公民或其生存基础位于本法的空间效力范围内。

（五a）抗拒国家公权力和违反公共秩序的犯罪：

1. 本法第一百一十一条规定的犯罪，如果煽动行为在德国境内可感知，且行为人为德国公民或其生存基础位于德国境内；

2. 本法第一百二十七条规定的犯罪，如果交易平台的目的为在德国境内帮助或促成实施违法行为，且行为人为德国公民或其生存基础位于德国境内；

---

* 生存基础（Lebensgrundlage），指公民在人身与经济方面的重要领域与其周围的公民形成的关系的总和。——译者注

以及

3. 本法第一百三十条第二款第一项规定的犯罪以及其与第一百三十条第六款协同规定的犯罪，如果第一百三十条第二款第一项或第三款所指的内容（本法第十一条第三款）以足以妨害公共安宁的方式，或以可被认识的形式在德国境内传播或向国内公众提供，且行为人为德国公民或其生存基础位于德国境内。

（六）针对人身自由的犯罪：

1. 本法第二百三十四条之a与第二百四十一条之a规定的犯罪，如果行为在实施时所针对的是在德国有住所或居所的人；

2. 本法第二百三十五条第二款第二项规定的犯罪，且其所针对的是在德国有住所或居所的人；以及

3. 本法第二百三十七条规定的犯罪，如果行为人在行为时为德国公民或其生存基础位于德国境内，或行为在实施时所针对的是在德国有住所或居所的人。

（七）侵犯在本法空间效力范围内设立的经营单位的营业秘密或商业秘密；或侵犯总部位于本法空间效力范围内的企业的营业秘密或商业秘密；或侵犯总部设在国外的企业的营业秘密或商业秘密，但该企业为总部设在本法空间效力范围内的企业所控制，且两者同属于一家企业集团。

（八）本法第一百七十四条第一款、第二款、第四款，第一百七十六条至第一百七十八条与第一百八十二条规定的针对性自主权的犯罪，且行为人在行为时为德国公民或其生存基础位于德国境内。

（九）针对生命的犯罪：

1. 本法第二百一十八条第二款第二句第一项与第四款第一句规定的犯罪，当行为人在行为时为德国公民或其生存基础位于德国境内；以及

2. 本法第二百一十八条规定的其他犯罪，行为人在行为时为德国公民或其生存基础位于德国境内。

（九a）针对身体完整性的犯罪：

1. 本法第二百二十六条第一款第一项与第二款协同规定的，结果使他人丧

失生育功能的犯罪,且行为人在行为时为德国公民或其生存基础位于德国境内;以及

2. 本法第二百二十六条之 a 规定的犯罪,当行为人在行为时为德国公民或其生存基础位于德国境内,或所实施的行为针对的是在德国有住所或居所的人。

(十)在本法空间效力范围内的法院或其他有权要求作宣誓或作替代宣誓的保证的德国主管机构所启动的诉讼程序中,作未经宣誓的虚假陈述、伪证或虚假的替代宣誓的保证(本法第一百五十三条至第一百五十六条)。

(十 a)体育竞赛诈骗罪与操纵职业体育竞赛罪(本法第二百六十五条之 c 至第二百六十五条之 d),如果行为涉及在德国举办的竞赛。

(十一)在德国专属经济区内实施的本法第三百二十四条、第三百二十六条、第三百三十条与第三百三十条之 a 规定的环境犯罪,只要保护海洋的国际公约允许将其作为犯罪追诉。

(十一 a)行为人在行为时为德国公民,实施本法第三百二十八条第二款第三项与第四项、第四款、第五款规定的犯罪以及与第三百三十条协同规定的犯罪。

(十二)德国公职人员或对公职承担特别义务的人在履行公职时所实施的犯罪,或实施的与公职有关的犯罪。

(十三)外国人担任公职人员或对公职承担特别义务时所实施的犯罪。

(十四)对正在履行公职或从事与其公职有关的活动的公职人员、对公职承担特别义务的人、国防军士兵实施的犯罪。

(十五)本法第三百三十一条至第三百三十七条规定的职务犯罪,如果:

1. 行为人在行为时为德国公民;

2. 行为人在行为时为欧盟公职人员,且其供职机构在德国有驻地;

3. 该犯罪是针对公职人员、对公职承担特别义务的人、国防军士兵实施的;或者

4. 该犯罪是针对欧盟公职人员、行为时为德国公民的仲裁员,或根据本法第三百三十五条之 a 属于与国内公职人员具有同等地位的外国或国际公职人

员且行为时为德国公民的人实施的。

(十六)本法第一百零八条之e规定的当选代表实施的受贿与行贿罪与本法第一百零八条之f规定的非法的利益维护罪,如果:

1. 行为人在行为时为德国民意代表机构成员或德国公民;或者

2. 行为系针对德国民意代表机构成员或行为时为德国公民的人实施的。

(十七)人体器官及组织交易犯罪(《器官移植法》第十八条),如果行为人在行为时为德国公民。

第六条 针对国际保护法益并在外国实施的犯罪

本法适用于下列在外国实施的犯罪,这类犯罪不受犯罪地所在国法律的制约:

(一)(删除)

(二)本法第三百零七条、第三百零八条第一款至第四款、第三百零九条第二款、第三百一十条规定的涉及核能、爆炸物与电离辐射的犯罪;

(三)危害空中与海上交通安全罪(本法第三百一十六条之c);

(四)贩卖人口罪(本法第二百三十二条);

(五)非法销售麻醉品罪;

(六)本法第一百八十四条之a、第一百八十四条之b第一款与第二款、第一百八十四条之c第一款与第二款规定的传播色情内容的犯罪;

(七)伪造货币与有价证券罪(本法第一百四十六条、第一百五十一条、第一百五十二条),伪造具有担保功能的支付卡罪(本法第一百五十二条之b第一款至第四款),以及因前述犯罪的预备行为成立的犯罪(本法第一百四十九条、第一百五十一条、第一百五十二条、第一百五十二条之b第五款);

(八)补助金诈骗罪(本法第二百六十四条);

(九)在外国实施的,根据德国缔结的双边国家条约应予追诉的犯罪。

第七条 其他情况下本法对外国犯罪的效力

一、本法适用于在外国实施的针对德国公民的犯罪,如果该行为依行为地所在国的法律应受刑事处罚或在行为地所在国无掌握刑罚权的权力机关。

二、本法适用于在外国实施的其他犯罪,如果该行为依行为地所在国的法律应受刑事处罚或行为地所在国无掌握刑罚权的权力机关，且行为人：

（一）行为时为德国公民或行为后成为德国公民；或者

（二）行为时为外国人，在德国境内被发现，其犯罪类型根据《引渡法》不能引渡；或者可以引渡，但引渡请求未在适当的期间内作出或被拒绝。

第八条　行为时

行为时指正犯与共犯作为时，在不作为犯中指应当作为之时，与结果何时发生无关。

第九条　行为地

一、行为地指正犯作为之地，在不作为犯中指应当作为之地，或构成要件结果发生地，或按照正犯的认识构成要件结果应当发生之地。

二、共犯的行为地指正犯行为的实施地与共犯行为的实施地，在不作为犯中指应当实施之地，或按照共犯的想象行为应当实施之地。共犯在德国境内参与在外国实施的犯罪行为，即使按照行为地的法律不受刑事处罚，亦适用本法。

第十条　对少年与未成年人的特别规定

在《少年法院法》未作特别规定的情况下，方可对少年与未成年人适用本法。

第二节　本法的用语

第十一条　人与物的概念

一、根据本法的定义：

（一）亲属是指下列人员：

1. 直系血亲与姻亲、配偶、生活伴侣、未婚夫或未婚妻、兄弟姐妹、兄弟姐妹的配偶或生活伴侣、配偶或生活伴侣的兄弟姐妹，亲属关系所依据的婚姻、生活伴侣关系解除与否，或血亲、姻亲关系消灭与否，均不影响亲属关系成立；

2. 养父母与养子女。

（二）根据德国法律，公职人员是指：

1. 公务员或法官；

2. 具有其他公法上职务的人;或者

3. 其他被委派在政府机构或其他机构,或受政府机构或其他机构委托从事公共管理事务的人,无论其执行委托事务时采用何种组织形式。

(二 a)欧盟公职人员是指:

1. 欧盟委员会、欧洲中央银行、欧洲审计院、欧盟法院的成员;

2. 欧盟机构或依据欧盟法律成立的机构的公务员或其他职员;或者

3. 受委托从事欧盟机构或依据欧盟法律成立的机构的事务的人。

(三)法官是指根据德国法律是职业法官或荣誉法官的人。

(四)对公职承担特别义务的人是指未担任公职,但法律要求其尽责履行下列职责的人:

1. 在政府机构或其他机构从事公共管理事务;或者

2. 在为政府机构或其他机构从事公共管理事务的协会或其他联合会、经营单位、企业工作。

(五)违法行为是指实现刑法构成要件的行为。

(六)行为的实施包括未遂与既遂。

(七)政府机构包括法院。

(八)处分是指各种矫正与保安处分措施、没收与销毁措施。

(九)报酬是指任何构成财产性利益的回报。

二、本法中的故意犯罪包括实施以故意为成立条件的构成要件行为,但是对所造成的加重后果仅具有过失的情况。

三、根据本款规定,本法各条中所提及的“内容”,是指包含在文书、音像、数据、图像或其他实体化载体中的内容,或不依靠任何存储媒介,通过信息与通信技术而传输的内容。

第十二条 重罪与轻罪

一、重罪是指最低法定刑为一年以上自由刑的犯罪。

二、轻罪是指最高法定刑为一年以下自由刑或罚金的犯罪。

三、根据总则规定,因情节特别严重而加重刑罚或因情节较轻而减轻刑罚,不影响重罪与轻罪的认定。

第二章　犯 罪 行 为

第一节　刑事可罚性基础

第十三条　不作为犯罪

一、根据本法规定，未防止作为犯罪构成要件的结果发生之人，仅当其在法律上对防止该结果发生负有义务，且这一不作为与通过作为实现作为法定犯罪构成要件的结果相当时，方应当承担刑事责任。

二、本罪的刑罚可根据本法第四十九条第一款减轻。

第十四条　为他人实施的行为

一、当行为人具有下列身份时，如果法律将个人属性、关系或情况（以下统称为特定的个人特征）确定为刑事可罚性的成立条件，那么即使行为人不具有这些特定的个人特征，只要行为人的被代理人具备，行为人仍须承担刑事责任：

（一）作为法人的代理机构或此类机构的成员；

（二）作为有权利能力的人合公司的有代理权的合伙人；或者

（三）作为他人的法定代理人。

二、（第一句）行为人是经营单位的所有人或其他有职权的人，且基于下列委托而行为时，如果法律将特定的个人特征确定为刑事可罚性的成立条件，那么即使行为人不具有这些特定的个人特征，只要委托人具备，行为人仍须承担刑事责任：

（一）受委托管理全部或部分营业事务；或者

（二）受明确委托独立从事应由经营单位的所有人负责的事务。

(第二句)第一句所称的经营单位也包括企业。(第三句)根据从事公共管理事务的机构的委托而行为的,参照适用第一句的规定。

三、即使作为授予代理权或委托关系基础的法律行为无效,仍适用第一款与第二款的规定。

第十五条 故意与过失行为

只有故意行为与法律明确规定刑罚的过失行为才受刑罚处罚。

第十六条 构成要件错误

一、行为人在行为时未认识到属于法定犯罪构成要件的事实的,排除故意。过失行为的刑事可罚性不受影响。

二、行为人在行为时错误地认为存在符合较轻的法定犯罪构成要件的事实的,对该行为仅能按照较轻的构成要件所对应的法定刑处罚。

第十七条 禁止错误

行为人在行为时欠缺不法意识的,如果这一欠缺不可避免,不得处罚。行为人可以避免的,可根据本法第四十九条第一款的规定减轻刑罚。

第十八条 结果加重犯

如果法律对行为的某一特定后果规定了更严厉的刑罚,则仅在正犯或共犯至少对这一后果有过失的情况下,才能适用该刑罚。

第十九条 儿童的无责任能力

行为人在实施犯罪时未满十四周岁的,不负刑事责任。

第二十条 精神障碍者的刑事责任能力

行为人在行为时具有因疾病导致的精神障碍、深度意识障碍、智力低下或其他严重的精神障碍,不能辨识其行为的违法性或不能根据这种辨识控制自己行为的,不负刑事责任。

第二十一条 刑事责任能力的降低

行为人在行为时因本法第二十条所列原因,所具有的辨识自己行为的违法性的能力或根据这种辨识控制自己行为的能力显著降低的,可以根据本法第四十九条第一款的规定减轻刑罚。

第二节 未 遂

第二十二条 未遂的定义

行为人根据其对犯罪的设想,直接着手实施符合构成要件的行为的,是犯罪未遂。

第二十三条 未遂的刑事可罚性

一、重罪未遂应受处罚,对轻罪未遂的处罚以法律的明文规定为限。

二、未遂可以比照既遂减轻刑罚(本法第四十九条第一款)。

三、行为人因为重大无知,不知道其未遂行为根据行为对象的种类、采取的手段根本不能实现既遂的,法院可以免除其刑罚或酌情减轻其刑罚(本法第四十九条第二款)。

第二十四条 犯罪中止

一、行为人自愿放弃进一步实施犯罪行为或阻止其既遂的,其未遂行为不予处罚。犯罪行为虽然不是因为中止行为而未既遂,但中止者为阻止犯罪既遂自愿并真挚地作出努力的,不予处罚。

二、如果数人参与犯罪行为,则任何自愿阻止犯罪既遂的行为人都不会因犯罪未遂而受处罚。中止者自愿并真挚地作出阻止既遂的努力的,即使犯罪行为不是因为中止者的努力而未既遂,或犯罪行为未遂与中止者先前的行为贡献无关,对其也不予处罚。

第三节 正犯与共犯

第二十五条 正犯

一、行为人亲自或利用他人实施犯罪的,以正犯论处。

二、数人共同实施犯罪的,均以正犯论处(共同正犯)。

第二十六条 教唆犯

故意使他人产生实施故意违法行为的决意的,是教唆犯,按照正犯的规定处罚。

第二十七条　帮助犯

一、故意为他人实施故意违法行为提供帮助的，是帮助犯。

二、帮助犯的刑罚比照正犯的刑罚确定，且应根据本法第四十九条第一款的规定减轻刑罚。

第二十八条　特定的个人特征

一、正犯、共犯（教唆犯与帮助犯）的刑事可罚性欠缺特定的个人特征的，应根据本法第四十九条第一款的规定减轻刑罚。

二、法律规定具有特定的个人特征可以加重、减轻或免除刑罚的，仅适用于具有此类特征的参与犯（正犯或共犯）。

第二十九条　参与犯的独立刑事可罚性

每个参与犯按照其个人罪责处罚，不考虑其他参与犯的罪责。

第三十条　参与犯的未遂

一、教唆他人实施重罪而教唆未遂的，或教唆他人去教唆其他人实施重罪而教唆未遂的，按照未遂的规定处罚，且应根据本法第四十九条第一款的规定减轻刑罚。参照适用本法第二十三条第三款的规定。

二、宣称自己已经为实施重罪或教唆其他人实施重罪做好了准备，或接受他人实施重罪或教唆其他人实施重罪的提议，或与他人做实施重罪或教唆其他人实施重罪的约定，同样应当处罚。

第三十一条　参与犯未遂的中止

一、任何自愿为下列行为的人，不应当根据本法第三十条的规定予以处罚：

（一）放弃使他人产生实施重罪的决意的企图，并且阻止因其他参与犯的行为所导致的既存危险发生；

（二）同意与其他参与犯实施重罪后，放弃实施计划的；或者

（三）接受他人提议或与他人约定实施重罪后，阻止犯罪实施的。

二、即使犯罪未发生不是因为中止者的中止行为，或与其先前的行为无关，只要中止者自愿并真挚地作出阻止犯罪发生的努力的，则不予处罚。

第四节 正当防卫与紧急避险

第三十二条 正当防卫

一、出于正当防卫的必要而实施的行为，排除其违法性。

二、正当防卫是指为了保护本人或他人不受正在发生的不法侵害而采取的必要的防卫行为。

第三十三条 防卫过当

行为人因为慌乱、恐惧或惊吓而防卫过当的，不予处罚。

第三十四条 排除违法性的紧急避险

任何人在面临正在发生的针对生命、身体、自由、荣誉、财产或其他法益的危险而无法以其他方式避免时，如果在权衡冲突利益，特别是受影响的法益及其面临的危险程度后，明确受保护的利益远远超过受损害的利益，那么其作出的避免本人或他人危险的行为不视为违法行为。以上规定仅适用于所实施的行为是避免危险的适当手段的情况。

第三十五条 免除责任的紧急避险

一、任何人在面临正在发生的针对生命、身体、自由的危险而无法以其他方式避免时，不用为其作出的避免本人、亲属或其他关系密切之人危险的违法行为承担刑事责任。以上规定不适用于行为人自招危险或因处于特别的法律关系中故而可以期待其接受危险的情况；但是当行为人无视特别的法律关系未曾接受危险时，可以根据本法第四十九条第一款的规定减轻刑罚。

二、行为人在行为时误以为具备第一款规定的免责情况的，只有在这一错误可以避免时方可处罚，且应根据本法第四十九条第一款的规定减轻刑罚。

第五节 议会言论与报道的免予处罚

第三十六条 议会言论

联邦议院、联邦大会或州立法机构的成员在任何时候均不得因其在其所属团体或委员会的投票或任何言论而在团体或委员会之外单独被追究责任。以上规定不适用于诽谤的情况。

第三十七条　议会报道

任何人对本法第三十六条所指的团体或委员会的公开会议进行真实报道不承担任何责任。

第三章　犯罪的法律后果

第一节　刑　　罚

自　由　刑

第三十八条　自由刑的刑期

一、如果法律没有规定科处终身自由刑，则自由刑应当是有期限的。

二、有期自由刑最高为十五年，最低为一个月。

第三十九条　自由刑的裁量

一年以下的自由刑按整周和整月裁量，一年以上的自由刑按整月和整年裁量。

罚　金　刑

第四十条　日额罚金的科处

一、罚金刑以日额为单位科处。除法律另有规定外，最低为五日额，最高为三百六十日额。

二、日额罚金由法院根据行为人的个人和经济情况确定。原则上根据行为人平均每日所得或可能所得的净收入计算。应确保行为人至少保留为维持生活所必需的最低收入。一单位日额罚金最低为一欧元，最高为三万欧元。

三、对行为人的收入、财产和其他裁量日额罚金所依据的基础性事实，可以进行假设评估。

四、在判决中应载明日额数与单位日额罚金数。

第四十一条　并处自由刑与罚金刑

如果行为人通过犯罪行为获利或企图获利,则可以对其在科处自由刑的同时选择科处或不科处罚金刑,只要这种选择就行为人的个人和经济情况而言是适当的。

第四十二条　缴纳宽限

如果受判决人由于个人或经济原因不能立即全额缴纳罚金,法院可以允许其在一定宽限期间内缴纳或分期缴纳。法院亦能够同时命令,如果受判决人未能及时分期缴纳罚金则缴纳宽限期将失效。如果法院不给予受判决人缴纳宽限期会导致受判决人对犯罪行为所造成的损害的弥补受到严重影响,法院也可以给予缴纳宽限期;法院可以要求受判决人出示弥补损害的证明。

第四十三条　罚金刑易科为自由刑

当罚金无法缴纳时,罚金刑易科为替代性自由刑。二单位日额罚金折抵一日替代性自由刑。易科后的替代性自由刑的最低刑期为一日。

附　加　刑

第四十四条　禁止驾驶

一、法院可以在一个月至六个月的期间内禁止因犯罪行为而被判处自由刑或罚金刑的人在街道上驾驶任何或特定类型的机动车辆。当禁止驾驶对于影响行为人或维护法秩序显著必要时,即使犯罪行为不是在驾驶机动车辆的过程中犯下的,或与驾驶机动车辆无关,或未违反机动车辆驾驶员的义务,法院仍可以考虑宣告禁止驾驶。法院在根据本法第三百一十五条之c第一款第一项第一目、第三款或第三百一十六条作出有罪判决时未根据本法第六十九条剥夺驾驶许可的,原则上应宣告禁止驾驶。

二、禁止驾驶在判决产生既判力后、驾驶执照被交至官方保管时生效,但最迟不得超过判决产生既判力后一个月。在禁令期间,由德国政府机构颁发的国内和国际驾驶执照将由官方保管。本规定同样适用于由欧盟成员国或欧洲经济区协定的缔约国颁发的驾驶执照,只要执照的持有人在德国有正式住所。由其他国家颁发的驾驶执照,应在其上作禁止驾驶的标注。

三、驾驶执照由官方保管或在外国驾驶执照上作禁止驾驶的标注的，禁止驾驶期间从保管或标注之日起算。行为人因官方命令被羁押在相关机构的时间，不计入禁止驾驶的期间。

四、行为人被科处数个生效的禁止驾驶禁令的，禁止驾驶的期间合并计算。禁止驾驶期间内优先执行较早生效的禁令。数个禁止驾驶禁令同时生效的，禁止期间内优先执行较早宣告的禁令；数个禁止驾驶禁令同时宣告的，首先执行犯罪时间较早导致的禁令。

附 随 后 果

第四十五条　剥夺担任公职的资格、选举与被选举的权利

一、任何因犯重罪而被判处一年以上自由刑的人，将在五年期间内被剥夺担任公职的资格与经公共选举获得权利的资格。

二、如果法律有特别规定，法院可以在二年至五年的期间内剥夺受判决人的第一款中列明的资格。

三、受判决人在被剥夺担任公职的资格时即丧失其原有的相应法律地位与权利。

四、受判决人在被剥夺经公共选举获得权利的资格时，只要法律没有其他规定，即丧失其原有的相应法律地位与权利。

五、只要法律没有其他规定，法院可以在二年至五年的期间内剥夺受判决人在公共事务中选举与被选举的权利。

第四十五条之 a　剥夺资格与权利的期间起算与计算

一、剥夺资格、法律地位与权利从判决生效时发生效力。

二、剥夺资格与权利的期间从自由刑执行完毕、罹于时效或释放之日起算。除自由刑外还被宣告剥夺自由的矫正与保安处分的，从该处分执行完毕之日起算。

三、刑罚、余刑或处分的执行因缓刑或赦免而中止的，在缓刑考验期满后，如刑罚或余刑已被免除或处分执行完毕，该考验期计入剥夺资格与权利的期间。

第四十五条之 b 复权

一、法院可以恢复受判决人根据本法第四十五条第一款、第二款丧失的资格和根据第四十五条第五款丧失的权利，如果：

（一）剥夺资格与权利的生效期间已经经过一半；以及

（二）可以期待受判决人在未来不会实施故意犯罪行为。

二、受判决人因官方命令被羁押在相关机构的时间，不计入剥夺资格与权利的期间。

第二节 刑罚裁量

第四十六条 刑罚裁量的原则

一、行为人的责任是刑罚裁量的基础。应考虑刑罚对行为人未来社会生活的影响。

二、法院裁量时，应权衡对行为人有利和不利的情节，具体应考虑下列情况：

（一）行为人的行为动机与目的，特别是出于种族主义、排外主义、反犹主义、针对特定性别、针对特定性取向或其他蔑视人类的原因；

（二）行为所表露的观念与在行为中所运用的意志；

（三）行为违反义务的程度；

（四）行为方式与可归责于行为的后果；

（五）行为人过去的经历、个人关系与经济关系；以及

（六）行为人行为后的态度，特别是为弥补损害和与被害人达成和解所做出的努力。

三、已经属于法定构成要件要素的情况不予考虑。

第四十六条之 a 行为人与被害人和解；损害弥补

如果行为人存在下列情况，则法院可以根据本法第四十九条第一款减轻刑罚，或在自由刑未满一年或罚金刑未超过三百六十日额时免除刑罚：

（一）在与被害人达成和解的努力中，行为人已弥补其行为造成的全部或

大部分损害,或真诚地致力于弥补损害;

(二)行为人为弥补损害已付出巨大代价或已作出重大牺牲,被害人的全部或大部分损害已经得到弥补。

第四十六条之 b　协助调查或阻止重大犯罪行为

一、行为人从事犯罪行为后存在下列情况,且法律对该犯罪行为的处罚规定了自由刑下限或终身自由刑,法院可以根据本法第四十九条第一款减轻刑罚,以不低于十年的自由刑代替终身自由刑:

(一)通过揭发其所了解的情况,对与其行为有关联的、属于《刑事诉讼法》第一百条之 a 第二款规定的犯罪的查处作出重要贡献;或者

(二)自愿且及时地向主管机构报告其所了解的情况,能够阻止与其行为有关联的、属于《刑事诉讼法》第一百条之 a 第二款规定的且其知悉犯罪计划的犯罪。

在确定某个行为是否属于法律规定了自由刑下限的犯罪时,应只考虑针对特别严重情况的加重处罚而不考虑减轻情况。行为人为参与犯的,实施第一项规定的揭发行为所作出的贡献必须超过其在共同犯罪中的参与程度。如果犯罪的法定刑仅为有期自由刑,且行为人被科处三年以下自由刑,法院可以以免除刑罚代替减刑。

二、法院在根据第一款进行裁判时应考虑下列特别情况:

(一)所揭发事实的种类、范围及其对查明或阻止犯罪行为的意义,揭发的时间点,刑事追诉机构得到行为人帮助的程度,行为人揭发的犯罪行为的严重性;

(二)第二款第一项中规定的犯罪行为的严重程度与行为人的责任之间的关系。

三、行为人在裁定对其开启主审程序(《刑事诉讼法》第二百零七条)后才揭发其所了解的情况的,不适用减刑或免除刑罚。

第四十七条　作为例外情况的短期自由刑

一、只有当行为人的行为或人格存在特殊情况,且科处自由刑对于影响行为人或维护法秩序而言确属必要时,法院方可对其科处六个月以下的自由刑。

二、(第一句)法律未规定罚金刑和六个月以上自由刑,则在根据第一款无

必要科处自由刑时,法院可以科处罚金。(第二句)法律规定了自由刑下限的,法院在根据第一句科处罚金时应以自由刑的下限确定罚金的下限,三十日额罚金折抵三十日自由刑。

第四十八条 (删除)

第四十九条 特别的法定减刑标准

一、根据本条规定或经法院许可减轻刑罚的,适用下列规定:

(一)代替终身自由刑的自由刑不得低于三年。

(二)有期自由刑最多可以减至法定最高刑的四分之三。此规定亦适用于罚金刑日额金最高标准。

(三)有下限的自由刑按照下列标准减刑:

1. 下限为十年或五年的减至二年;

2. 下限为五年或二年的减至六个月;

3. 下限为一年的减至三个月;

4. 其他情况减至法定最低刑。

二、当法院援用本条规定,通过裁量减轻刑罚时,可以将刑罚减至法定最低刑,也可以以罚金刑代替自由刑。

第五十条 减刑事由的竞合

某一事由单独或与其他事由共同证明犯罪情节较轻,且又属于本法第四十九条规定的特别的法定减刑事由的,只允许被考虑一次。

第五十一条 折抵

一、受判决人因成为诉讼程序的客体的行为而正在或曾经被羁押或以其他方式被剥夺自由的,被剥夺自由的期间可以折抵有期自由刑与罚金刑。如果考虑受判决人犯罪后的表现认为不适用全部折抵,法院可以决定部分折抵或不予折抵。

二、科处的刑罚在生效后,又在后一诉讼程序中被另一刑罚代替的,在新刑罚中折抵已执行或已折抵的旧刑罚。

三、受判决人因同一行为在外国已受刑罚处罚的,在新刑罚中折抵在外国已受的刑罚处罚。在外国所受的其他剥夺自由措施,参照适用第一款的规定。

四、以罚金刑折抵自由刑或以自由刑折抵罚金刑时，一日自由刑等同于一日额罚金。折抵外国刑罚或其他剥夺自由措施的，由法院经裁量决定折抵标准。

五、暂时剥夺驾驶许可期间（《刑事诉讼法》第一百一十一条之a）折抵本法第四十四条规定的禁止驾驶期间的，参照适用第一款的规定。保管、保全或扣押驾驶执照（《刑事诉讼法》第九十四条）视同暂时剥夺驾驶许可。

第三节 触犯数个法律的刑罚裁量

第五十二条 行为单数

一、同一行为触犯多个刑法规定或触犯同一刑法规定多次的，仅宣告一个刑罚。

二、同一行为触犯多个刑法规定的，按照最高的法定刑确定刑罚。该刑罚不得低于其他可适用刑法规定所允许判处的刑罚。

三、在符合本法第四十一条规定的条件时，法院可以在自由刑之外另行科处罚金刑。

四、当所适用的刑法条文规定应当科处附加刑、附随后果与处分（本法第十一条第一款第八项）时，必须宣告；当所适用的刑法条文允许科处附加刑、附随后果与处分（本法第十一条第一款第八项）时，可以宣告。

第五十三条 行为复数

一、实施的多个行为同时受判决，因此被科处多个自由刑或罚金刑的，仅宣告一个合并刑。

二、同时被判处自由刑与罚金刑的，仅宣告一个合并刑。法院也可以单独宣告罚金刑；因多个犯罪行为被判处多个罚金刑的，仅宣告一个合并的罚金刑。

三、本法第五十二条第三款与第四款的规定，可以参照适用。

第五十四条 合并刑的形成

一、数个单一刑中有终身自由刑的，宣告的合并刑为终身自由刑。在其他情况下，合并刑通过加重被科处的最高刑罚，或在科处不同种类的刑罚时加重其中最严厉的刑罚而形成。在此之前，应对行为人的人格与犯罪行为做整体评估。

二、合并刑不得超过数个单一刑的总和刑期。合并后的有期自由刑不得超过十五年,合并后的罚金刑不得超过七百二十日额。

三、当合并刑由自由刑与罚金刑组成时,在确定总和刑期时,一日额罚金等于一日自由刑。

第五十五条　合并刑的事后形成

一、受判决人在判决生效后,对其宣告的刑罚执行完毕、罹于时效或释放之前,因原判决之前的犯罪行为再受判决的,也可以适用本法第五十三条与第五十四条的规定。在原诉讼程序中对基础性事实认定进行最后审查而作出的判决,视为原判决。

二、原判决宣告的附加刑、附随后果与处分(本法第十一条第一款第八项)如果未因新判决而失效,仍予以维持。

第四节　缓　　刑

第五十六条　缓刑

一、(第一句)对判处一年以下自由刑的受判决人,如果可以期待判决已对其起到警告作用,且其未来即使不受刑罚执行的影响也无再犯危险,应暂缓刑罚执行,交付考验*。(第二句)对此应考虑受判决人的人格、过去的经历、犯罪行为的情况、犯罪后的表现、生活关系与缓刑可能对其造成的影响。

二、对被判处一年以上二年以下自由刑的受判决人,法院如果依据对其行为与人格所做的总体评估,认为存在特殊情况,也可以在第一款规定的条件下暂缓刑罚执行,交付考验。在裁判中也应考虑受判决人为了弥补由其犯罪行为造成的损害所做的努力。

三、判处六个月以上自由刑的情况下,如果有维护法秩序的必要,不暂缓

---

* 这里的交付考验是指,在被宣告缓刑后,受判决人在考验期间应当遵守相关义务和指令(第五十六条之b与第五十六条之c),要接受考验辅助(第五十六条之d);如果严重违反义务或指令,将会承担缓刑撤销的法律后果(第五十六条之f)。后文在提及暂缓执行其他处分时所述的交付考验也有类似含义。——译者注

执行。

四、暂缓执行不得仅限于刑罚的一部分。暂缓执行不得因羁押或其他剥夺自由措施而被排除。

第五十六条之 a 缓刑考验期

一、法院应确定缓刑考验期。缓刑考验期不得高于五年,不得低于二年。

二、(第一句)缓刑考验期自缓刑裁判生效时起算。(第二句)缓刑考验期可以在开始后缩短至最低期间或延长至最高期间。

第五十六条之 b 负担义务

一、法院可以要求受判决人负担有助于弥补其犯罪行为的义务,但不得对受判决人强加不合理的要求。

二、法院可以要求受判决人负担下列义务,但只有在履行负担义务不会对弥补犯罪行为造成的损害构成障碍时,法院方可要求受判决人负担下列第二项至第四项的义务:

(一)尽力弥补由其犯罪行为造成的损害;

(二)向公益机构支付一定的助益金,只要这与行为人的行为和人格相适应;

(三)其他的公益给付;或者

(四)向国库支付一定的助益金。

三、受判决人主动提议作出有助于弥补其犯罪行为的给付,法院可以期待其遵守提议时,原则上暂时免除其负担义务。

第五十六条之 c 指令

一、为防止受判决人再犯,必要时,法院应在缓刑考验期内向其下达指令,但不得对受判决人的生活方式强加不合理的要求。

二、法院可以向受判决人下达下列指令:

(一)遵守有关居住、教育、工作、休闲或涉及其经济关系安排的命令;

(二)在规定的时间内向法院或其他机构报到;

(三)不与被害人或其他可以向其提供再犯机会、刺激其再犯的特定人或特定群体的人接触、交往,不得与他们产生雇佣关系、培训关系或向他们提供膳宿;

(四)不持有、携带或保存可以向其提供再犯机会或刺激其再犯的特定物品；

（五）履行扶养义务；

（六）接受精神治疗、心理治疗或社会治疗方面的照管和处置（治疗命令）。

三、下列指令只有受判决人同意时方可下达：

（一）接受与身体干预有关的治疗或戒瘾；或者

（二）收容于合适的疗养院或其他合适的机构。

四、受判决人对未来的生活方式作出相应承诺，而法院可以期待其遵守承诺时，原则上暂时免除下达指令。

第五十六条之d　考验辅助

一、如果考验辅助有助于防止受判决人再犯，则法院应令其在全部或部分缓刑考验期内接受考验辅助人的监督与指导。

二、如果法院暂缓九个月以上自由刑的执行，且受判决人未满二十七周岁，法院原则上应下达第一款的指令。

三、考验辅助人应向受判决人提供帮助与支持。考验辅助人与法院协同监督受判决人履行负担义务、指令、提议与承诺的情况，并按法院要求，每隔一段时间报告受判决人的生活方式。考验辅助人应向法院报告受判决人严重或屡次违反负担义务、指令、提议与承诺的情况。

四、考验辅助人由法院选任。法院可以就第三款提到的工作向考验辅助人下达指令。

五、考验辅助人的工作以专职或荣誉职*的方式履行。

第五十六条之e　事后裁判

法院可以在事后作出、更改或撤销根据本法第五十六条之b至第五十六条之d作出的裁判。

第五十六条之f　缓刑的撤销

一、（第一句）法院应撤销缓刑，如果受判决人：

（一）在缓刑考验期内犯罪，并由此证明作为缓刑基础的期待没有得到

---

* 指非专业、业余从事的职务。——译者注

满足;

(二)严重或屡次违反指令,或屡次逃避考验辅助人的监督与指导,因此有再犯的嫌疑;或者

(三)严重或屡次违反负担义务。

(第二句)如果再犯发生在缓刑裁定作出至生效的期间内,或在合并刑的裁定作出过程中再犯发生在包含于判决中的缓刑裁定作出至合并刑裁定生效的期间内,参照适用第一句第一项的规定。

二、当满足下列条件时,法院不得撤销缓刑:

(一)对受判决人要求其他负担义务或下达其他指令,特别是将受判决人置于考验辅助人的监管下;或者

(二)延长缓刑考验期或监管期。

在第二项的情况下,缓刑考验期的延长不得超过原定考验期限的一半。

三、(第一句)受判决人为履行负担义务、指令、提议与承诺而作出的给付不予返还。(第二句)但是如果法院撤销缓刑,受判决人根据本法第五十六条之b第二款第二项至第四项所履行的负担义务或根据本法第五十六条之b第三款的提议所作出的给付可以折抵刑罚。

第五十六条之g　刑罚的免除

一、如果法院没有撤销缓刑,应在缓刑考验期满后免除刑罚。在此应适用本法第五十六条之f第三款第一句。

二、受判决人在缓刑考验期内故意犯罪,被判处六个月以上自由刑的,法院可以撤销缓刑。只有在缓刑考验期满后一年内或判决生效后六个月内才允许撤销缓刑。参照适用本法第五十六条之f第一款第二句与第三款的规定。

第五十七条　有期自由刑余刑的假释

一、(第一句)法院应暂缓有期自由刑余刑的执行,交付考验(假释),如果:

(一)科处的刑罚已执行三分之二且超过二个月;

(二)考虑到公共安全利益,假释是合理的;以及

(三)受判决人同意。

(第二句)在裁判中要特别考虑受判决人的人格、过去的经历、犯罪行为的情

况、再犯时受威胁法益的重要性、受判决人在服刑中的表现、其生活关系与假释可能对其造成的影响。

二、在科处的刑罚已执行一半且超过六个月的情况下,法院可以暂缓有期自由刑余刑的执行,交付考验,如果:

(一)受判决人首次服刑且所判处的刑期未超过二年;或者

(二)从受判决人行为、人格及其在服刑期间的表现的总体评估来看,存在特别情况。

三、(第一句)假释考验期的执行参照适用本法第五十六条之a至第五十六条之e的规定,假释考验期即使事后缩短也不得低于余刑。(第二句)在余刑交付考验前受判决人服刑已超过一年的,法院原则上应将其置于考验辅助人的监督与指导下。

四、自由刑已经折抵的,视为第一款至第三款所指的服刑。

五、(第一句)假释考验期的撤销和免除参照适用本法第五十六条之f至第五十六条之g的规定。(第二句)如果受判决人在有罪判决作出至假释裁判作出这一期间之内实施犯罪,法院在假释裁判中因事实原因未予考虑,且如果考虑就会撤销假释的,法院应撤销假释;对基础事实的认定进行最后审查而作出的判决,视为前述的有罪判决。

六、受判决人对应予没收的物品的下落作不充分或虚假陈述的,法院可以不将有期自由刑的余刑交付考验。

七、法院可以确定最高六个月的期间,在此期间内不允许将有期自由刑的余刑交付考验。

第五十七条之a　终身自由刑余刑的中止及假释

一、(第一句)法院应暂缓终身自由刑余刑的执行,交付考验,如果:

(一)受判决人服刑已满十五年;

(二)受判决人没有需要继续服刑的特别严重的责任;以及

(三)符合本法第五十七条第一款第一句第二项与第三项规定的条件。(第二句)终身自由刑的中止及假释参照适用本法第五十七条第一款第二句以及第六款的规定。

二、受判决人的自由因犯罪行为所遭受的任何剥夺，视为第一款第一句第一项所指的服刑。

三、假释考验期为五年。参照适用本法第五十六条之a第二款第一句、第五十六条之b至第五十六条之g、第五十七条第三款第二句与第五款第二句的规定。

四、法院可以确定最高二年的期间，在此期间内不允许将受判决人的余刑交付考验。

第五十七条之b　以终身自由刑作为合并刑的余刑的中止及假释

宣告终身自由刑为合并刑的，对于确认是否存在特别严重的责任（本法第五十七条之a第一款第一句第二项），应对所有犯罪行为作整体性评价。

第五十八条　合并刑与缓刑

一、一人犯数罪的，在依据本法第五十六条适用缓刑时，应以合并刑的刑期为准。

二、在本法第五十五条第一款所规定的情况中，原判决已科处的自由刑已经全部执行或已执行缓刑，且合并刑也执行缓刑的，新的缓刑考验期应减去已经经过的考验期，但是不得低于一年。合并刑未执行缓刑的，参照适用本法第五十六条之f第三款的规定。

第五节　附刑罚保留的警告与刑罚免除

第五十九条　保留刑罚的警告的条件

一、被判处一百八十日额罚金以下罚金刑的行为人，法院除对其宣判有罪外，还可以对其作出警告，确认其刑罚但暂时保留刑罚不予执行，如果：

（一）可以期待行为人未来即使没有科处刑罚也不会再犯；

（二）根据对行为人人格与行为的总体评估，存在无须宣告刑罚的特别情况；以及

（三）不需要通过刑罚维护法秩序。

参照适用本法第五十六条第一款第二句的规定。

二、法院除警告外还可以宣告没收与查封。矫正与保安处分不得适用附刑罚保留的警告。

第五十九条之 a　考验期内的负担性义务与指令

一、法院应确定保留刑罚的警告的考验期。考验期不得高于二年，不得低于一年。

二、（第一句）法院可以对受警告人发出下列负担性义务与指令：

（一）努力与被害人达成和解或弥补由其犯罪行为造成的损害；

（二）履行扶养义务；

（三）向公益机构或国库支付一定的助益金；

（四）提供其他公益服务；

（五）接受门诊治疗或戒瘾，包括接受精神治疗、心理治疗或社会治疗方面的照管和处置（治疗命令）；

（六）参加社会训练课程；或者

（七）参加交通学习。

（第二句）为了使受警告人不再实施犯罪行为，在必要时法院可以向其发出进一步的指令。（第三句）在负担性义务与指令中不得对受警告人的生活方式强加不合理的要求；根据第一句第三项至第七项及第二句下达的负担性义务与指令不得与行为人所犯的罪行不相称。（第四句）参照适用本法第五十六条之 c 第三款、第四款与第五十六条之 e 的规定。

第五十九条之 b　保留刑罚的警告的宣判

一、保留刑罚的警告的宣判，参照适用本法第五十六条之 f 的规定。

二、如果受警告人未被判处所保留之刑罚，则考验期满后法院应确认警告结束。

第五十九条之 c　合并刑与保留刑罚的警告

一、一人犯数罪的，在存在保留刑罚的警告的情况下，刑罚的确定参照适用本法第五十三条至第五十五条的规定。

二、受警告人因受警告前的行为而被判处刑罚的，应适用关于合并刑形成的相应规定（本法第五十三条至第五十五条、第五十八条）；同时，在本法第五十五条规定的情况下,保留的刑罚视为宣告的刑罚。

第六十条　免除刑罚

如果行为人的行为对其自身造成的后果十分严重,以致对其科处刑罚明显不当时,法院应免除刑罚。但行为人因其行为被判处一年以上自由刑的,不得适用。

第六节　矫正与保安处分

第六十一条　概览

矫正与保安处分包括:

(一)收容于精神病院;

(二)收容于戒瘾机构;

(三)保安监督;

(四)行为监督;

(五)剥夺驾驶许可;

(六)职业禁止。

第六十二条　比例原则

当矫正与保安处分与行为人已经实施的行为的后果或预期实施的行为所导致的危险程度不相称时,不得适用矫正与保安处分。

剥夺自由的处分

第六十三条　收容于精神病院

(第一句)对于任何在无责任能力(本法第二十条)或责任能力降低(本法第二十一条)状态下犯罪的人,法院在对其个人及其行为做总体评估后认为,根据该人状态,其有可能再次实施对被害人心理、身体造成重大损害、重大危险或造成严重经济损失的重大违法行为,因此对公众有危险性的,应命令将其收容于精神病院。(第二句)如果其所实施的违法行为不属于第一句所指的重大违法行为,法院仅能在有特别情况足以预期行为人因此状态会实施重大违法行为时，方可命令将其收容于精神病院。

第六十四条　收容于戒瘾机构

（第一句）如果一个人因过量饮酒或过量使用其他麻醉品成瘾，主要因成瘾实施违法行为而受到有罪判决，或被证明为无责任能力人或无法排除是无责任能力而无法承担刑事责任，在该人存在因成瘾实施重大违法行为的危险时，法院应命令将其收容于戒瘾机构；成瘾需要存在药物使用失调，并因此对生活方式、健康、工作能力或工作表现造成持续性的严重损害且该损害仍在继续。（第二句）仅在根据事实情况可预期行为人经戒瘾机构的治疗，在本法第六十七条之 d 第一款第一句或第三句规定的期限内能够治愈，或在相当长的时间内保持其成瘾不复发且可阻止其因成瘾实施重大违法行为时，方可命令将其收容于戒瘾机构。

第六十五条　（删除）

第六十六条　保安监督

一、（第一句）法院除判处刑罚之外还应命令交付保安监督，如果：

（一）行为人因故意犯下列罪行而被判处二年以上自由刑：

1. 侵犯生命、身体完整性、人身自由或性自主权的犯罪；

2. 本法分则第一章、第七章、第二十章与第二十八章或《国际刑法典》《麻醉品法》规定的，法定最高刑为十年以上的犯罪；或者

3. 在因实施第一目和第二目所规定的犯罪而受行为监督后，又实施符合本法第一百四十五条之 a 所规定的构成要件的行为的，或行为人在意识障碍状态下实施上述第一目和第二目所规定的违法行为而受到行为监督后，又实施符合本法第三百二十三条之 a 所规定的构成要件的行为。

（二）行为人在新犯罪前已经因第一项所规定的犯罪两次被判处一年以上自由刑。

（三）行为人因在新犯罪前已经犯过的一个或多个犯罪，已服二年以上自由刑或正在接受剥夺自由的矫正与保安处分措施的执行。

（四）对行为人及其行为的总体评估表明，行为人因其癖癖会实施严重犯罪行为，特别是对被害人心理或身体造成严重损害的行为，且在判决时对公众

有危险性。

(第二句)为确定是否属于第一句第一项第二目所规定的犯罪,参照适用本法第十二条第三款的规定;对于结束第一句第一项第三目所规定的行为监督,参照适用本法第六十八条之b第一款第四句的规定。

二、行为人实施了三种第一款第一句第一项所规定的犯罪,分别被判处一年以上自由刑,且其中一种或多种行为被判处三年以上自由刑的,即使行为人之前未被判处刑罚或剥夺自由(第一款第一句第二项与第三项),法院也可以在符合第一款第一句第四项规定的条件下,对行为人判处刑罚的同时命令将其交付保安监督。

三、(第一句)行为人因实施符合第一款第一句第一项第一目或第二目规定的条件的重罪,或在意识障碍状态下实施本法第八十九条之a第一款至第三款,第八十九条之c第一款至第三款,第一百二十九条之a第五款第一句选项一(同时结合本法第一百二十九条之b第一款),第一百七十四条至第一百七十四条之c,第一百七十六条之a,第一百七十六条之b,第一百七十七条第二款第一项、第三款和第六款,第一百八十条,第一百八十二条,第二百二十四条,第二百二十五条第一款、第二款规定的犯罪,或因故意实施第三百二十三条之a规定的犯罪,被判处二年以上自由刑时,法院除对其科处刑罚外还可以命令将其交付保安监督,但以行为人在新犯罪前已经因犯过的一个或多个上述提及的犯罪分别被判处三年以上自由刑,且符合第一款第三项与第四项规定的条件为限。(第二句)任何人实施了两种第一句所规定的犯罪,分别被判处二年以上自由刑,且基于其中一项或多项行为被判处三年以上自由刑的,即使之前未被判处刑罚或剥夺自由,法院可以在符合第一款(第一句)第四项规定的条件下,对行为人判处刑罚的同时命令将其交付保安监督。第一款与第二款的规定不受影响。

四、在第一款第一句第二项意义上,合并刑判决被视为单一判决。羁押或其他剥夺自由的措施折抵自由刑时,视为服第一款第一句第三项所规定之刑。前后犯罪行为相距超过五年时,前犯罪行为不予考虑;针对性自主权的犯罪,该标准为十五年。行为人因官方命令被羁押在相关机构内的时间不予计入。在本法的空间效力范围之外受判决的行为,如果该行为属于第一款第一句第一项或第三款第一句所规定的犯罪,则其应当被视为在本法的空间效力范围之内受判决的行为。

第六十六条之a 保安监督的保留

一、法院可以在判决中对保安监督作出保留,如果:

(一)行为人因犯本法第六十六条第三款第一句所规定的犯罪而被判刑;

(二)符合除本法第六十六条第三款第一句规定的条件以外的其余条件,而不须参照本法第六十六条第一款第一句第四项的规定;以及

(三)虽然没有充分证据,但极有可能存在本法第六十六条第一款第一句第四项所规定的情况。

二、法院也可宣告第一款意义上的保留,如果:

(一)行为人因一个或多个针对生命、身体完整性、人身自由、性自主权的重罪,根据本法第二十八章或根据本法第二百五十条、第二百五十一条以及与第二百五十二条或第二百五十五条的协同规定,被判处五年以上自由刑;

(二)不符合本法第六十六条规定的条件;以及

(三)有充分证据或至少有可能证明,存在本法第六十六条第一款第一句第四项的情况。

三、一审法院根据第一款或第二款对保安监督的保留,必须在自由刑执行完毕前作出;余刑假释交付考验与余刑执行完毕的,同样适用这一规定。法院在对受判决人的人格及其行为做总体评估,并考虑其至裁判时的表现后,认为可以预期受判决人会实施对被害人心理或身体造成严重损害的严重犯罪行为的,应命令将其交付保安监督。

第六十六条之b 事后交付保安监督

根据本法第六十七条之d第六款宣告的收容于精神病院的处分结束后,原处分据以为基础的排除或减轻刑事责任能力状态在宣告结束时已不存在的,法院可以在处分结束后命令将当事人交付保安监督,如果:

(一)受交付的当事人因实施数个本法第六十六条第三款第一句所规定的犯罪,根据本法第六十三条被命令收容于精神病院,或当事人在根据本法第六十三条被交付前所犯的一个或数个同样可以被命令交付的犯罪分别被判处三

年以上自由刑或被收容于精神病院；以及

（二）对当事人的人格及其行为所做的总体评估，并附加考虑其至裁判时的表现表明，当事人有实施对被害人心理或身体造成严重损害的严重犯罪行为的高度可能性。

在根据本法第六十三条所判处的处分结束后，还要执行另一个宣告的自由刑的全部或部分的，同样适用此规定。

第六十六条之 c　交付保安监督机构与执行前述处分

一、交付于保安监督机构后，该机构应：

（一）在全面治疗检查和定期更新执行计划的基础上照管受交付人：

1. 这一照管是个性化的、密切的，足以唤起与促进受交付人的合作，且在标准化治疗不起作用时，应向其特别提供量身定制的精神、心理与社会治疗；以及

2. 照管的目的是减少受交付人对公众的危险性，以便尽快暂缓处分的执行并交付缓刑或宣告结束该处分。

（二）交付处分应保证：

1. 尽可能减少受交付人的负担，以符合第一项第一目规定的照管要求，并在不违反安全要求的条件下，与一般生活条件相适应；以及

2. 如果没有第一项第一目规定的额外治疗要求，处分应在与监狱相隔绝的建筑或空间内执行。

（三）为达到第一项第二目所提出的目标：

1. 提供开放性执行措施并为释放作准备，除非有必要的理由，特别是有具体迹象表明受交付人有可能逃避保安监督执行或滥用这些措施实施严重犯罪行为；以及

2. 与国家或私人照管机构紧密合作，使受交付人获释后仍能继续获得照管。

二、如果法院在判决中（本法第六十六条）、保留保安监督后（本法第六十六条之 a 第三款）或事后命令交付保安监督（本法第六十六条之 b），或在判决中保留这一命令（本法第六十六条之 a 第一款与第二款），应根据尽可能免予交付处分执行（本法第六十七条之 c 第一款第一句第一项）或命令（本法第六

十六条之 a 第三款)的目的,在处分执行中向受交付人提供第一款第一项意义上的治疗,特别是社会治疗。

第六十七条　执行顺序

一、除了宣告自由刑还根据本法第六十三条和第六十四条的规定,命令将行为人交付于机构的,交付机构的处分先于刑罚执行。

二、(第一句)法院应决定将刑罚的全部或部分先于处分执行,如果这样做更容易达到处分的目的。(第二句)法院还应决定,对被宣告三年以上有期自由刑之外又被命令交付于戒瘾机构的行为人,刑罚的部分先于处分执行。(第三句)这部分刑罚的裁量,原则上应使第五款第一句前半句的裁判能够在该刑罚执行完毕,接着执行交付处分之后作出。(第四句)除此之外,如果受判决人被判决驱逐出境且可执行,同时可以预期其在本法的空间效力范围内的居留权在服刑中或服刑后立即终止,法院应决定将刑罚先于处分执行。

三、如果受判决人的人格状况适于先执行刑罚,法院可以在事后根据第二款第一句或第二句作出、改变或撤销命令。法院也可以根据第二款第四句事后作出命令。法院根据第二款第四句作出命令后,如果不能预期受判决人在本法的空间效力范围内的居留权在服刑中或服刑后立即终止,可以撤销这一命令。

四、处分的全部或部分先于刑罚执行的,处分的执行期间可以折抵刑期,但不得超过刑罚的三分之二。

五、(第一句)处分先于刑罚或余刑执行的,如果刑罚已经执行了三分之二,法院在符合本法第五十七条第一款第一句第二项和第三项以及第二句规定的条件时,应当暂缓执行余刑并交付缓刑;如果符合本法第五十七条第二款规定的条件,法院也可以在执行一半刑罚后暂缓执行余刑并交付缓刑。(第二句)余刑不暂缓执行时,处分继续执行;但如果与被定罪人有关的情况使执行刑罚显得适当,则法院可下令执行刑罚。

六、如果刑罚的执行对受判决人而言过于严苛,法院应根据第四款折抵另一诉讼程序的刑罚。在裁判中应特别考虑已执行的剥夺自由期间与科处的刑罚期间的比例关系、追求的治疗效果、受判决人的具体危险及其在执行程序中的表现。如果另一诉讼程序的刑罚据以科处的行为是在处分命令作出后实施的,原则上不予折抵。参照适用第五款第二句的规定。

第六十七条之 a　其他处分的转执行

一、行为人被命令收容于精神病院或戒瘾机构后,法院认为能够更好地促进被收容者再社会化的,可以事后对其转执行其他处分。

二、(第一句)法院在符合第一款规定的条件时,可以在事后对被命令交付保安监督的行为人转执行第一款所指的处分。(第二句)在符合第一款规定的条件且转换为治疗行为或戒瘾更适当时,即使行为人仍处于处分执行中或被命令交付保安监督或保留交付,仍可以进行事后执行。

三、(第一句)如果事后表明这能够更好地促进被收容者和被交付者的再社会化,法院可以改变或撤销根据第一款和第二款作出的裁判。(第二句)另外,如果事后表明第一款所指的处分的执行不能实现其目的,法院可以撤销根据第二款作出的裁判。

四、收容与审查期限的确定,以作出收容处分命令的裁判所适用的规定为准。在第二款第二句的情况下,法院应最迟在收容处分开始执行前一年审查是否存在根据第三款第二句作出裁判的前提条件。

第六十七条之 b　同时作出暂缓执行与命令

一、如果存在可以期待通过暂缓执行实现处分目的的特别情况,法院应在命令收容于精神病院或戒瘾机构的同时,暂缓其执行。如果行为人还有与处分同时科处的自由刑未暂缓执行,则不得暂缓执行处分。

二、暂缓执行处分的同时应将行为人交付行为监督。

第六十七条之 c　收容与交付处分的延后执行

一、(第一句)当自由刑先于因相同的一个或多个行为而命令的收容与交付处分执行,且在刑罚执行完毕前经过必要的审查发现:

(一)处分目的的实现不再需要执行收容与交付;或者

(二)交付保安监督不适当,因为从整体来看行为人在刑罚执行期间未得到本法第六十六条之 c 第二款与第六十六条之 c 第一款第一项协同规定的充分照管。

(第二句)法院应暂缓处分执行;暂缓执行的同时交付行为监督。(第三句)距刑罚执行完毕不满一年,第一审法院命令交付保安监督的,不需要进行第一款第一项的审查。

二、(第一句)收容与交付处分在命令生效三年后仍未执行,且不存在第一款与本法第六十七条之b规定的情况的,收容与交付处分只能在法院再次命令时才能执行。(第二句)行为人因官方命令被羁押在相关机构的时间,不予计人。(第三句)如果处分的目的实现需要进行收容与交付,法院应命令执行。(第四句)处分的目的虽然不能实现,但是存在可以期待通过暂缓执行也能达到处分目的的特殊情况的,法院应暂缓收容与交付处分执行;暂缓执行的同时交付行为监督。(第五句)处分目的实现后,法院应宣告处分结束。

第六十七条之d 收容与交付处分的期间

一、(第一句)收容于戒瘾机构的处分不得超过二年。(第二句)处分期间从收容开始时起算。(第三句)在自由刑执行之前已执行剥夺自由措施的处分,且处分期间折抵刑罚的,最长收容期间应延长至自由刑刑期。

二、(第一句)未规定最长期间或期间尚未届满的,如果可以期待不再执行处分受收容人与受交付人也不会实施重大违法行为,法院应暂缓收容与交付处分的继续执行并交付考验。(第二句)法院在交付保安监督执行后发现,受交付人没有在法院决定的最高六个月期间届满前得到本法第六十六条之c第一款第一项所指的充分照管,因此继续执行不合理的,同样适用此规定;在受交付人没有得到充分照管时,法院在审查暂缓执行时应规定期间。(第三句)根据第一句或第二句暂缓执行的同时应交付行为监督。

三、(第一句)如果交付保安监督已执行十年,且受交付人不存在实施对被害人心理或身体造成严重损害的严重犯罪行为的危险,法院应宣告结束处分。(第二句)受交付人从执行中释放后应交付行为监督。

四、最长收容期间届满后,应释放受收容人与受交付人。处分就此结束。受收容人与受交付人从执行中释放后应交付行为监督。

五、在本法第六十四条第二句规定的条件不再存在时,法院应宣告收容于戒瘾机构的处分结束。受收容人从执行中释放后应交付行为监督。

六、法院在收容于精神病院处分开始执行后发现,处分的条件不再存在或继续执行不合理的,应宣告处分结束。收容处分已执行六年,根据受收容者的状态其没有实施对被害人心理或身体造成严重损害的严重违法行为的危险,继续执行原则上不合理,应该宣告处分结束。收容处分已执行十年的,参照适用第三款第一句的规定。受收容人从执行中释放后应交付行为监督。法院在可以期待当事人不执行行为监督也不会再犯时应不命令交付行为监督。

第六十七条之 e　审查

一、法院可以随时审查,是否应暂缓或终止处分的执行并交付考验,或宣告处分结束。法院应于确定的期间届满前进行审查。

二、审查期间如下:

(一)在戒瘾机构为六个月;

(二)在精神病院为一年;

(三)保安监督为一年,执行收容十年后为九个月。

三、法院可以缩短审查期间。法院可以在法定审查期间范围内另行确定一个期间,在此期间届满前不得许可审查申请。

四、审查期间从收容或交付处分开始时起算。如果法院拒绝暂缓或终止处分执行或宣告处分结束,期间从裁判时重新起算。

第六十七条之 f　多项保安与矫正处分的宣告

法院命令收容于戒瘾机构时,先前的处分命令即告结束。

第六十七条之 g　暂缓执行处分的撤销

一、(第一句)法院应撤销暂缓执行处分,如果受判决人:

(一)在行为监督期间实施违法行为;

(二)严重或屡次违反根据本法第六十八条之 b 作出的指令;或者

(三)屡次逃避考验辅助人或监督机构的监督。

(第二句)并由此表明,需要执行处分才能实现处分目的。(第三句)如果撤销事由发生在暂缓执行处分裁判作出与行为监督处分开始执行(本法第六十八条之 c 第四款)之间,参照适用第一句第一项的规定。

二、如果受判决人在行为监督期间的表现说明,根据其状态可以预期其会实施违法行为,因此需要执行处分才能实现处分目的,法院应撤销本法第六十三条与第六十四条规定的处分的暂缓执行。

三、另外,如果在行为监督期间发现受判决人不适用暂缓执行处分,需要执行处分才能实现处分目的,法院应撤销暂缓执行处分。

四、撤销前后的收容与交付期间总计不得超过处分的法定最高期间。

五、法院没有撤销暂缓执行处分的,以行为监督结束时间为处分结束时间。

六、受判决人为履行指令而作出的给付,不予返还。

第六十七条之 h　期间的再执行;危机干预

一、(第一句)法院在行为监督期间可以根据本法第六十三条或第六十四条在最长三个月的期间内恢复执行被暂缓的收容与交付处分,如果从收容与交付执行中释放的行为人的状态急剧恶化或其因成瘾行为而再犯,从而存在为避免根据本法第六十七条之 g 的规定撤销暂缓执行处分而采取措施的必要。(第二句)在符合第一句规定的条件时,法院可以重新命令执行处分或延长其期间;处分期间总计不得超过六个月。参照适用本法第六十七条之 g 第四款的规定。

二、在处分目的实现后,法院应在第一款规定的期间届满前撤销处分。

行为监督

第六十八条　行为监督的条件

一、行为人实施了法律规定应受行为监督的犯罪行为,被宣告六个月以上自由刑的,如果有再犯危险,法院可以在刑罚之外命令交付行为监督。

二、关于行为监督的规定(本法第六十七条之 b、第六十七条之 c、第六十七条之 d 第二款至第六款与第六十八条之 f)不受影响。

第六十八条之 a　行为监督机构;考验辅助人;法医门诊机构

一、受判决人应受行为监督机构的监管;法院应在行为监督期间内为其提供考验辅助人。

二、考验辅助人与行为监督机构应相互配合,共同帮助与照管受判决人。

三、行为监督机构应配合法院,在考验辅助人的支持下,监督受判决人的行为与指令的履行。

四、行为监督机构与考验辅助人就帮助与照管受判决人的问题不能达成一致的,由法院裁决。

五、法院可以就行为监督机构与考验辅助人的工作下达指示。

六、行为监督机构在根据本法第一百四十五条之a第二句的规定提出告诉前,应征询考验辅助人的意见;在此不适用第四款的规定。

七、根据本法第六十八条之b第二款第二句与第三句的规定下达指令的,法医门诊机构应与第二款所指的人员或机构相互配合,共同帮助与照管受判决人。此外,第三款与第六款涉及考验辅助人地位的规定也适用于法医门诊机构。

八、(第一句)第一款所指的人员或机构,以及属于本法第二百零三条第一款第一项、第二项与第六项所指的法医门诊机构的工作人员,只要是出于帮助受判决人不再犯罪的必要,应当相互告知通过本法第二百零三条保护的信赖关系或其他渠道获知的他人秘密。(第二句)此外,本法第二百零三条第一款第一项、第二项与第六项所指的法医门诊机构的工作人员应当将这些秘密告知行为监督机构与法院,如果其认为:

(一)有必要监督受判决人是否遵守根据本法第六十八条之b第一款第一句第一项的规定作出的指令或根据本法第六十八条之b第二款第二句与第三句的规定下达的指令接受治疗;

(二)受判决人的行为与状态显示有必要接受本法第六十七条之g、第六十七条之h或第六十八条之c第二款或第三款所规定的处分;或者

(三)有必要防范涉及第三人的生命、身体完整性、人身自由与性自主权的重大现实危险。

(第三句)在第一句、第二句第二项与第三项情况下,由法医门诊机构的工作人员公开的本法第二百零三条第一款所指的事实,仅允许为实现该规定的保护目的而使用。

第六十八条之b　指令

一、(第一句)法院可以在行为监督期间或更短期间内对受判决人下达下列指令:

(一)未得行为监督机构许可不得离开住所、居所或特定区域;

(二)不逗留于可能向其提供再犯机会或刺激其再犯的特定地点;

(三)不与被害人或其他可能向受判决人提供再犯机会或刺激其再犯的特定人或特定群体的人接触、交往,不与这些人形成雇佣关系,不向这些人提供培训或膳宿服务;

(四)不进行按其情况可能被滥用于犯罪的特定活动;

(五)不持有、携带或保存可以向其提供再犯机会或刺激其再犯的特定物品;

(六)不持有或驾驶按其情况可能被滥用于犯罪的机动车或特定种类的机动车或其他交通工具;

(七)在特定时间内向行为监督机构、主管机构与考验辅助人报到;

(八)更换住所与工作场所时及时向行为监督机构报告;

(九)失业时向联邦劳动局或其他职业中介机构报告;

(十)在有确定事实可以合理认定,使用酒精饮料或其他麻醉品可能促使其再犯时,不得使用上述物品,并接受与身体干预无关的酒精与成瘾物治疗;

(十一)在特定时间或定期向医生、心理治疗师或法医门诊机构报到;或者

(十二)随身携带对其行踪进行电子监控的必要技术设备,使该设备处于工作状态,不得妨碍其运作。

(第二句)法院应在指令中明确规定要求为或不为的行为。(第三句)根据第一句第十二项的规定下达的指令,只有在不与第五句的规定抵触,且满足下列四项前提条件时方为法律所允许:

(一)行为监督是根据已执行完毕,且执行时间为三年以上的自由刑或合并自由刑,或根据已结束的处分作出的;

(二)自由刑、合并自由刑、收容与交付处分是因为实施一个或多个本法第六十六条第三款第一句所述犯罪行为而被科处或命令的;

(三)存在受判决人再犯本法第六十六条第三款第一句规定的犯罪行为的危险;以及

(四)指令对于通过《刑事诉讼法》第四百六十三条之 a 第四款第二句规定

的数据使用,特别是通过监控根据第一句第一项或第二项的规定负担的义务的履行,防止受判决人再犯本法第六十六条第三款第一句所述犯罪行为是必要的。(第四句)第三句第一项与第二项协同规定的条件,不受行为监督是否根据本法第六十八条之e第一款第一句的规定结束的影响。(第五句)当不符合第三句第一项的规定,因实施一个或多个本法分则第一章与第七章规定的犯罪行为而被科处二年自由刑或合并自由刑时,亦受同等对待;本法第一百二十九条之a第五款第二句规定的犯罪以及与本法第一百二十九条之b第一款协同规定的犯罪属于第三句第二项至第四项所指的犯罪类型。

二、(第一句)法院可以在行为监督期间或更短期间内对受判决人下达其他相关指令,特别是与培训、工作、自由、经济关系秩序或履行扶养义务有关的指令。(第二句)法院可以特别指令受判决人接受精神、心理或社会治疗方面的照管与治疗(治疗指令)。(第三句)照管与治疗可以由法医门诊机构负责。(第四句)与身体干预有关的酒精或成瘾物控制指令,参照适用本法第五十六条之c第三款的规定。

三、指令不得对受判决人的生活方式强加不合理的要求。

四、在执行行为监督时,已有的行为监督根据本法第六十八条之e第一款第一句第三项而结束的,法院应将前一行为监督中下达的指令包含在裁判中。

五、在第一款第一项情况下对受判决人的照管或第二款情况下的治疗,如果不由法医门诊机构负责,参照适用本法第六十八条之a第八款的规定。

第六十八条之c　行为监督的期间

一、(第一句)行为监督期间最低为二年,最高为五年。(第二句)法院可以缩短最高期间。

二、(第一句)法院可以命令超越第一款第一句规定的最高期间的不定期行为监督,如果受判决人:

(一)不接受根据本法第五十六条之c第三款第一项下达的指令;或者

(二)不遵守接受康复指令、戒瘾指令或治疗指令。

(第二句)且因有再犯重大犯罪的危险而威胁公众安全。(第三句)在第一句第一项情况下,受判决人事后表示愿意接受指令的,法院应确定行为监督的期间。

(第四句)其他情况参照适用本法第六十八条之 e 第三款的规定。

三、法院可以延长第一款第一句规定的最高期间,如果:

(一)在根据本法第六十七条之 d 第二款暂缓收容于精神病院处分的情况下,有确定事实可以合理认定,如果不延长期间受判决人会立即陷入本法第二十条或第二十一条规定的状态,因此有再次实施严重违法行为的危险而威胁公众安全;或者

(二)根据受判决人违反本法第六十八条之 b 第一款或第二款规定的指令的事实或其他确定事实,有具体理由可以认定其有再次实施严重违法行为的危险而威胁公众安全,以及

1. 因受判决人实施本法第一百八十一条之 b 所规定的犯罪行为而被科处二年以上自由刑或合并自由刑,或被命令收容于精神病院或戒瘾机构;或者

2. 行为监督因符合本法第六十八条之 b 第一款第三句第一项规定的条件而开始执行,且自由刑、合并自由刑以及收容与交付处分是因为实施一个或多个侵犯生命、身体完整性、人身自由、性自主权的重罪行为,或本法第二百五十条、第二百五十一条规定的犯罪行为,或与本法第二百五十二条、第二百五十五条协同规定的犯罪行为而被科处或命令的。

行为监督的结束参照适用本法第六十八条之 b 第一款第四句的规定。

四、在本法第六十八条第一款的情况下,行为监督的期间从命令生效时起算,在本法第六十七条之 b 第二款、第六十七条之 c 第一款第一句与第二款第四句、第六十七条之 d 第二款第三句的情况下,行为监督的期间从暂缓执行的裁判生效时或法院确定的最迟时间点起算。受判决人逃亡、躲藏或因官方命令被羁押在相关机构的时间,不计入该期间。

第六十八条之 d　事后裁判;审查期间

一、法院可以在事后根据本法第六十八条之 a 第一款与第五款,第六十八条之 b,第六十八条之 c 第一款第二句、第二款与第三款的规定作出、改变或撤销裁判。

二、对根据本法第六十八条之 b 第一款第一句第十二项的规定下达的指令,法院应在二年内审查是否撤销。参照适用本法第六十七条之 e 第三款与第

四款的规定。

第六十八条之 e 行为监督的结束或暂停

一、(第一句)只要不是不定期行为监督或不是因暂缓剥夺自由的处分(本法第六十七条之 b 第二款、第六十七条之 c 第一款第一句与第二款第四句、第六十七条之 d 第二款第三句)而执行的行为监督,行为监督结束于:

(一)剥夺自由的处分开始执行时;

(二)附加剥夺自由的处分的自由刑开始执行时;

(三)新的行为监督开始执行时。

(第二句)在其他情况下,行为监督在自由刑或剥夺自由的处分执行期间暂停执行。(第三句)如果因出现第一句第一项至第三项规定的情况而不再需要行为监督,法院应在剥夺自由的处分开始执行后命令免除行为监督。(第四句)在既有的不定期行为监督或基于暂缓剥夺自由的处分而产生的行为监督之外又新增行为监督时,如果法院认为不需要新增行为监督,应命令免除行为监督。

二、(第一句)如果可以期待受判决人不执行行为监督也不会再犯,法院应免除行为监督,最早在法定最低行为监督期间届满后方可允许免除。(第二句)法院可以确定最高六个月的期间,在此期间届满前不允许申请免除行为监督。

三、不定期的行为监督执行时,法院应:

(一)在本法第六十八条之 c 第二款第一句情况下,最迟在本法第六十八条之 c 第一款第一句规定的最高期限届满时;

(二)在本法第六十八条之 c 第三款情况下,执行未满二年时。

审查是否有必要根据第二款第一句作出裁判。法院拒绝撤销行为监督的,应在重新起算的行为监督执行未满二年时就是否撤销行为监督作出裁判。

第六十八条之 f 余刑未缓刑的行为监督

一、因故意犯罪被判处二年以上自由刑或合并自由刑,或因实施本法第一百八十一条之 b 所规定的犯罪行为而被判处一年以上自由刑或合并自由刑,且刑罚执行完毕的,受判决人从执行中释放后应交付行为监督。此规定不适用于服刑后还要执行剥夺自由的矫正与保安处分措施的情况。

二、法院在可以期待受判决人不执行行为监督也不会再犯时应命令免除行为监督。

第六十八条之 g　行为监督与缓刑考验

一、受判决人被判处缓刑、余刑假释或暂缓职业禁止并交付考验，且因相同的一个或多个行为同时被交付行为监督的，行为监督与下达指令仅适用本法第六十八条之 a 与第六十八条之 b 的规定。行为监督不得在考验期满之前结束。

二、因同一行为而被判处缓刑或余刑假释并交付考验与行为监督，法院可以决定在考验期内暂停行为监督的执行。考验期不计入行为监督期间内。

三、考验期满后刑罚或余刑被宣告免除或职业禁止被宣告结束的，因同一行为被命令的行为监督也由此结束。此规定不适用于不定期行为监督（本法第六十八条之 c 第二款第一句或第三款）。

剥夺驾驶许可

第六十九条　剥夺驾驶许可

一、行为人因与驾驶机动车辆或违反机动车辆驾驶员的义务有关的违法行为而被判刑，或因无责任能力或不排除无责任能力而未被判刑但其行为表明其不适于驾驶机动车辆的，法院应剥夺其驾驶许可。不需要根据本法第六十二条的规定作进一步审查。

二、第一款所指的违法行为是指下列轻罪：

（一）危害道路交通安全（本法第三百一十五条之 c）；

（一 a）机动车辆竞驶（本法第三百一十五条之 d）；

（二）醉酒驾驶（本法第三百一十六条）；

（三）行为人知道或能够知道，被害人在交通事故中死亡或遭受严重伤害，或他人的财物遭受严重损失，仍未经许可离开事故现场（本法第一百四十二条）；或者

（四）在完全昏醉情况下实施第一项至第三项行为（本法第三百二十三条之 a）。

行为人为以上行为的，原则上被视为不适合驾驶机动车辆。

三、驾驶许可从判决生效时失效。德国官方颁发的驾驶执照应在判决中被剥夺。

第六十九条之 a 禁止颁发驾驶许可

一、法院剥夺驾驶许可时应同时决定，在六个月至五年的期间内不得向行为人颁发新的驾驶许可。如果可以预期法定最高期间不足以防止行为人造成危险，可以命令对其终身禁止颁发驾驶许可。行为人没有驾驶许可的，仅命令禁止颁发。

二、如果有特别情况表明，这样做不会威胁处分目的的实现，法院可以将特定类型的机动车辆设为禁止颁发驾驶许可的例外。

三、如果行为人在行为前三年以内曾被命令禁止颁发驾驶许可，禁止颁发驾驶许可的期间最低为一年。

四、行为人因行为而被暂时剥夺驾驶许可（《刑事诉讼法》第一百一十一条之 a），禁止颁发驾驶许可的最低期间应缩减至暂时剥夺驾驶许可的生效期间，但是不得低于三个月。

五、（第一句）禁止颁发驾驶许可从判决生效时开始。（第二句）因行为而被暂时剥夺驾驶许可的期间计入禁止颁发驾驶许可期间，只要这一期间在判决宣告后已经经过，且在判决中对作为处分基础的事实性确证进行了最后审查。

六、保管、保全或扣押驾驶许可（《刑事诉讼法》第九十四条）视为第四款与第五款规定的暂时剥夺驾驶许可。

七、如果有理由认定行为人不再不适合驾驶机动车辆，法院可以提前撤销禁止颁发驾驶许可的命令。这一撤销最早应在禁止颁发驾驶许可三个月后，在第三款情况下为一年；参照适用第五款第二句与第六款的规定。

第六十九条之 b 剥夺驾驶许可的效力及于外国驾驶许可

一、行为人没有德国官方颁发的驾驶许可，而是使用外国颁发的驾驶许可在德国境内驾驶机动车辆的，剥夺驾驶许可具有剥夺其在德国境内使用该驾驶许可的权利的效力。自判决生效时起，行为人丧失在德国境内驾驶机动车辆的权利。在禁止颁发驾驶许可期间，行为人既没有使用外国驾驶许可的权利，也不能被颁发德国的驾驶许可。

二、如果外国驾驶许可由欧盟成员国或欧洲经济区协定的缔约国颁发,且持有人在德国境内有正式住所,其驾驶执照应在判决中被剥夺,并被退回颁发该执照的主管机构。在其他情况下应在外国颁发的驾驶许可上作剥夺驾驶许可与禁止颁发驾驶许可的标注。

职 业 禁 止

第七十条　职业禁止的命令

一、行为人因滥用职业或营业所提供的便利条件或严重违反与其有关的义务而实施违法行为被判刑,或因无责任能力或不排除无责任能力而未被判刑的,法院在对行为人及其行为做总体评估,认为其继续从事其职业、职业部门内业务、营业或营业部门内业务存在实施上述重大违法行为的危险时,可以在一年至五年的期间内禁止其从事相关职业、职业部门内业务、营业或营业部门内业务。如果可以预期设定的法定最高期限尚不足以防止行为人造成危险,可以命令对其科处终身职业禁止。

二、行为人被暂时禁止从事其职业、职业部门内业务、营业或营业部门内业务的(《刑事诉讼法》第一百三十二条之a),职业禁止的最低期限应减至暂时职业禁止的生效期限,但是不得低于三个月。

三、在职业禁止生效期间,行为人不得为他人从事或指示某位听从其指示之人从事被禁止的职业、职业部门内业务、营业或营业部门内业务。

四、(第一句)职业禁止从判决生效时开始。(第二句)因行为而被暂时执行职业禁止的期间计入职业禁止期间,只要这一期间在判决宣告后已经经过,且在判决中对作为处分之基础的事实性确证进行了最后审查。

第七十条之a　暂缓执行职业禁止

一、法院在命令职业禁止后有理由认定,行为人已不存在实施本法第七十条第一款所规定的重大违法行为的危险,可以暂缓执行该命令,交付考验。

二、命令最早应在职业禁止满一年时作出。这一期间应计入本法第七十条第四款第二句所指的暂时职业禁止期间。行为人因官方命令被羁押在相关机构的时间,不计入该期间。

三、暂缓执行职业禁止参照适用本法第五十六条之 a、第五十六条之 c 至第五十六条之 e 的规定。考验期应加上对行为人因其行为而被科处自由刑或被命令剥夺自由的处分的期间。

第七十条之 b 暂缓执行职业禁止的撤销与职业禁止的结束

一、法院应撤销暂缓执行职业禁止,如果受判决人:

(一)在考验期内滥用职业或营业所提供的便利条件或严重违反与其有关的义务实施违法行为;

(二)严重或屡次违反指令;或者

(三)屡次逃避考验辅助人的监督与指导。

并由此表明,需要执行职业禁止才能实现处分目的。

二、如果受判决人在考验期的表现说明,因其状态可以预期其会实施违法行为,因此需要执行职业禁止才能实现处分目的,法院也应撤销暂缓执行职业禁止。

三、暂缓执行职业禁止的期间不计入职业禁止期间。

四、受判决人为履行指令或承诺而作出的给付,不予返还。

五、考验期满后法院应宣告职业禁止结束。

一般规定

第七十一条 单独命令

一、如果刑事诉讼因行为人无责任能力或无行为能力而无法进行,法院可以单独命令将行为人收容于精神病院或戒瘾机构。

二、此规定同样适用于剥夺驾驶许可与职业禁止。

第七十二条 数个处分的关联

一、数个处分的条件均满足,且欲实现的目的通过其中一个处分即可实现的,应仅命令实施这一个处分。在数个合适的处分中,应只适用对行为人不利影响最小的处分。

二、在其他情况下,如果法律没有其他规定,应命令同时执行数个处分。

三、对于被命令执行数个剥夺自由的处分的行为人,法院应确定执行顺序。

如果依据处分目的还需要执行收容,法院应在上一个处分执行完毕前宣告下一个应当执行的处分。参照适用本法第六十七条之 c 第二款第四句与第五句的规定。

第七节　没　　收

第七十三条　正犯与共犯犯罪所得的没收

一、正犯或共犯通过实施违法行为所得的物品或为实施违法行为而取得的物品,法院应命令没收。

二、正犯或共犯从犯罪所得中获取的利益,法院也应命令没收。

三、法院还可以命令没收正犯或共犯获得的下列物品:

(一)通过转让犯罪所得的物品或作为该所得的物品灭失、损毁或被没收后的替代性物品;或者

(二)根据犯罪所得的权利而获得的物品。

第七十三条之 a　正犯与共犯犯罪所得的扩大没收

一、实施某一违法行为的正犯或共犯,基于其他的违法行为所得的物品或为实施违法行为而取得的物品,法院也应命令没收。

二、正犯或共犯在第一款规定的没收命令作出前参与其他违法行为,法院在对其物品再次作出没收裁判时,应考虑已经作出的命令。

第七十三条之 b　没收第三人的犯罪所得

一、(第一句)根据本法第七十三条与第七十三条之 a 作出的没收命令,同样适用于不是正犯或共犯的第三人,如果:

(一)其所得是通过违法行为获取的或通过正犯或共犯实施的行为获取的。

(二)其所得属于:

1. 无偿或无法律上原因而取得;或者

2. 其明知或应该知道该所得来自违法行为。或者

(三)其所得是:

1. 作为继承人获取的;或者

2. 作为特留份继承人或遗产继承人获取的。

(第二句)第三人不知道或不应知道所得来自于违法行为,且有偿或有法律上原因取得时,不适用第一句第二项与第三项的规定。

二、对于第三人取得的与犯罪所得的价额相符的物品或利益,在符合第一款第一句第二项或第三项的条件时,法院也应命令没收。

三、在符合第一款第一句第二项或第三项的条件时,法院可以命令没收下列物品:

(一)通过转让犯罪所得而获得的物品或作为该物品灭失、损毁或没收后的替代性物品;或者

(二)根据犯罪所得的权利而获得的物品。

第七十三条之 c 犯罪所得价额的没收

犯罪所得物品因其性质或其他原因不能被没收,或不能根据本法第七十三条第三款或第七十三条之 b 第三款的规定没收替代物的,法院应命令没收与犯罪所得价额相称的金钱。没收物品的价额低于最初取得时的价额的,法院除没收该物品之外还应追缴差额。

第七十三条之 d 犯罪所得价额的确定;估算

一、在确定犯罪所得价额时,应扣除正犯、共犯或第三人所支出的费用。为了实施或预备实施犯罪行为而支出或投入的费用,除为履行对被害人的义务而作的给付之外,不予扣除。

二、犯罪所得的范围与价额,以及应扣除的支出费用,可以以估算的方式确定。

第七十三条之 e 犯罪所得或价额补偿的排除

一、犯罪被害人的返还犯罪所得或返还其价额补偿的请求权已经消灭的,不得根据本法第七十三条至第七十三条之 c 进行没收。本规定不适用于请求权因罹于时效而消灭的情况。

二、此外,在本法第七十三条之 b 情况下以及其与本法第七十三条之 c 协同规定的情况下,如果犯罪所得价额在命令没收时已不存在于相关人的财产中,则不得没收;但相关人在丧失获利时,对法院已经对正犯或共犯作出没收命

令知情或因重大过失而不知情的,不适用本规定。

第七十四条　没收正犯与共犯的犯罪所生之物、犯罪工具与犯罪相关之物

一、通过故意犯罪获得的物品(犯罪所生之物),为着手实施犯罪或为犯罪做准备而使用或专门预备供犯罪使用的物品(犯罪工具),可以没收。

二、与犯罪行为有关的物品(犯罪相关之物),根据特别法的标准没收。

三、(第一句)物品在裁判时属于正犯或共犯或受其支配时,方可被没收。(第二句)第一款之外的物品,有特别法规定或允许没收的,适用本规定。

第七十四条之a　第三人的犯罪所生之物、犯罪工具与犯罪相关之物的没收

其他法律规定参照适用本条时,对于不符合本法第七十四条第三款的规定,但是在裁判时为第三人所有或支配的物品,可以没收,如果第三人:

(一)至少因重大过失而导致物品被作为犯罪工具使用或成为犯罪相关之物;或者

(二)知道没收命令已经作出仍以应受谴责的方式获得物品。

第七十四条之b　保安没收

一、根据种类和状态,对公众有危险性或有可能用于实施犯罪行为的危险物品,可以没收,如果:

(一)正犯或共犯行为时无责任;或者

(二)物品属于正犯或共犯之外的第三人所有或第三人有权支配。

二、在第一款第二项情况下,在考虑被没收物品的市场价格的基础上由国库对第三人给予适当补偿。第三人对被没收物品享有权利,而该权利因裁判而消灭或受限时,同样适用本规定。

三、下列情况下不得给予补偿:

(一)根据第二款的规定有权获得补偿的人:

1. 至少因重大过失而导致物品被作为犯罪工具使用或成为犯罪相关之物;或者

2. 知道已经对物品或物上权利作出没收命令但仍以应受谴责的方式获得物品或权利的。或者

(二)(第一句)在导致没收的情况下,可根据刑法之外的法律永久没收本

来有权获得补偿之人的物品或剥夺相关物上权利，而不必补偿。（第二句）不予补偿过于严苛的，可以不适用第一句的规定而予以补偿。

第七十四条之 c　正犯与共犯的犯罪所生之物、犯罪工具与犯罪相关之物的价额的没收

一、正犯或共犯转让、消耗犯罪所得或以其他方式阻碍没收，导致不能没收时，法院可以命令没收其与犯罪所得价额相等的金钱。

二、如果正犯或共犯在没收裁判作出前使物品负担了第三人的权利，且不得命令消灭该权利或不得无补偿地命令消灭该权利，法院可以在没收物品时作出没收价额的命令或以没收价额代替没收物品（本法第七十四条之 b 第二款和第三款以及第七十五条第二款）。法院在作出此类命令时，应根据物上负担的价额估算补偿价额。

三、物品与物上负担的价额可以以估算的方式确定。

第七十四条之 d　对内容载体的没收与销毁

一、（第一句）故意传播内容（本法第十一条第三款）而符合刑法构成要件的，如果该内容通过违法行为传播或准备传播，应没收内容载体。（第二句）对于为制造或预定用于制造该实体化载体的设备，以及供复制或预备供复制的样品，同时应命令销毁。

二、没收仅及于参与传播或预备传播的人所持有的，或公开陈列的，或在以寄送方式传播时尚未送至收件人的部分。

三、载体中的内容（本法第十一条第三款）只有在故意传播导致进一步的犯罪情况才能符合刑法构成要件时，才参照适用第一款的规定。只有在下列情况下方可命令没收与销毁：

（一）载体与第一款第一句所指的设备由正犯、共犯或为正犯与共犯而行为的第三人持有，或计划由这些人传播；以及

（二）为阻止第一项所指的违法传播而有必要采取措施。

四、向公众提供内容（本法第十一条第三款）的，属于第一款至第三款所指的传播。

五、在没收或销毁裁判生效时，正犯或共犯之外的第三人对物有支配权或

物上有第三人权利,而该权利因裁判而消灭或遭受损害时,在考虑物品的市场价格的基础上由国库对第三人给予适当补偿。参照适用本法第七十四条之b第三款的规定。

第七十四条之e 对机构与代理人的特别规定

行为人以下列身份而行为:

(一)作为法人的代理机构或此类机构的成员;

(二)作为非法人团体的领导机构或领导机构成员;

(三)作为有权利能力的人和团体;

(四)作为法人或第二项及第三项所指的人合团体的总代表、具有领导地位的代理人或全权代表;或者

(五)作为其他为负责领导法人或第二项及第三项所指的人合团体的经营单位或企业的人员,包括监督业务运行或其他处于领导地位行使控制权的人员。

且符合本法第七十四条至第七十四条之c规定的其他条件,根据这些条件允许没收物品、价额补偿或不予补偿的,则在适用这些规定时,其行为应归责于被代理人。参照适用本法第十四条第三款的规定。

第七十四条之f 相称性原则

一、(第一句)未规定没收,且没收与行为人实施的犯罪行为和没收的利害关系人的可谴责性相比明显不相称的,不得根据本法第七十四条与第七十四条之a的规定命令没收。(第二句)在本法第七十四条至第七十四条之b与第七十四条之d情况下,如果采取较为轻缓的措施也能达到目的,法院应命令对没收作出保留。(第三句)这些轻缓措施特别包括下列指令:

(一)查封物品;

(二)去除物品上的特定设施或标志,或改变物品;或者

(三)以特定方式使用物品。

上述指令得到遵循的,应撤销没收的保留;否则法院应事后命令没收。未规定没收的,则可仅限于没收物品的一部分。

二、在根据本法第七十四条之d第一款第二句与第三款的规定无法使用的

情况下，参照适用第一款第二句与第三句的规定。

第七十五条　没收的效力

一、命令没收物品时，在下列情况下，物上所有权或其他权利在裁判生效时转归国家所有：

（一）被没收的物品在没收命令作出时属于当事人所有或当事人有权支配；或者

（二）被没收的物品属于第三人所有或第三人有权支配，且该人明知犯罪情况却仍出于实施犯罪或其他目的而将其提供给当事人。

在其他情况下，物上所有权或其他权利在告知没收命令生效六个月后转归国家所有，但是上述物品所有人或有权支配人在执行机构登记其权利的除外。

二、在其他情况下，第三人在被没收物品上的权利不受影响。在本法第七十四条之 b 规定的情况下，法院应宣告这些权利消灭。在本法第七十四条与第七十四条之 a 规定的情况下，法院可以宣告第三人的权利消灭，如果第三人：

（一）至少因重大过失导致物品被作为犯罪工具使用或成为犯罪相关之物；或者

（二）知道已经对物品或物上权利作出没收命令但仍以应受谴责的方式获得物品或物上权利。

三、物上所有权或其他权利移转前，没收命令或对没收作出保留的命令具有《民法典》第一百三十六条规定的禁止转让效力。

四、在《刑事诉讼法》第一百一十一条之 d 第一款第二句情况下，不适用《支付不能法》第九十一条的规定。

第七十六条　价额补偿的事后没收

在命令作出后才符合或发现符合本法第七十三条之 c 或第七十四条之 c 规定的条件，从而对物品不足以完全执行没收或无法没收的，法院可以事后命令没收价额补偿。

第七十六条之 a　单独没收

一、（第一句）如果由于无法确定犯罪人从而不能对犯罪行为进行追诉，法院可在相关条件满足时，命令单独采取没收或销毁措施。（第二句）如果允许没收,法院可以根据第一句规定的条件单独命令没收。欠缺告诉、授权、请求,或有关没收的裁判已经生效的,不得单独命令没收。

二、犯罪已过追诉时效的,在符合本法第七十三条、第七十三条之b与第七十三条之c规定的条件时,法院可以单独命令没收犯罪所得或犯罪所得的价额。在符合本法第七十四条之b与第七十四条之d规定的条件时,可以单独命令保安没收、内容载体的没收与查封。

三、第一款的规定也适用于法院免除刑罚,或者根据检察官、法院的裁量或双方达成一致而终止诉讼程序的情况。

四、(第一句)对于因涉嫌第三句所规定的犯罪行为而被采取保全措施的物品以及产生的收益,如果该物品是通过违法行为获得,且被采取保全措施的当事人未因保全据以为基础的犯罪行为被追诉或判刑,应当命令单独没收。(第二句)命令没收物品时,物上所有权或其他权利在裁判生效时转归国家所有;参照适用本法第七十五条第三款的规定。(第三句)第一句所指的犯罪行为包括:

(一)根据本法,

1. 第八十九条之a规定的预备实施严重危害国家的暴力犯罪与第八十九条之c第一款至第四款规定的资助恐怖主义;

2. 第一百二十九条第一款规定的成立犯罪组织与第一百二十九条之a第一款、第二款、第四款、第五款成立恐怖组织,在每种情况下还应与第一百二十九条之b第一款协同解读;

3. 第一百八十一条之a第一款与第三款协同规定的介绍卖淫;

4. 第一百八十四条之b第二款规定的传播、获取或持有儿童色情内容;

5. 第二百三十二条至第二百三十二条之b规定的常业性与集团性贩卖人口、强迫卖淫、强迫劳动,以及第二百三十三条与第二百三十三条之a规定的集团性剥削劳动力与利用剥夺自由进行剥削;

6. 第二百六十一条第一款与第二款规定的洗钱。

(二)根据《税收通则》,

1. 符合第三百七十条第三款第五项规定条件的逃税;

2. 第三百七十三条规定的常业性、暴力性与集团性走私；

3. 第三百七十四条第二款规定的窝藏逃税物品。

(三) 根据《难民法》，

1. 第八十四条第三款规定的唆使滥用难民申请；

2. 第八十四条之 a 规定的商业性、集团性唆使滥用难民申请。

(四) 根据《居留法》，

1. 第九十六条第二款规定的偷运外国人入境；

2. 第九十七条规定的发生死亡后果或常业性、集团性的偷运外国人入境。

(五) 根据《涉外经济法》，

第十七条与第十八条规定的故意犯罪行为。

(六) 根据《麻醉品法》，

1. 第二十九条第三款第二句第一项规定且符合相关法条规定条件的犯罪行为；

2. 第二十九条之 a，第三十条第一款第一项、第二项、第四项，第三十条之 a，第三十条之 b 规定的犯罪行为。

(六 a) 根据《大麻消费法》，

1. 第三十四条第三款第二句第一项或第四项规定且符合相关法条规定条件的犯罪行为；

2. 第三十四条第四款规定的犯罪行为。

(六 b) 根据《医用大麻法》，

1. 第二十五条第四款第二句第一项或第四项规定且符合相关法条规定条件的犯罪行为；

2. 第二十五条第五款规定的犯罪行为。

(七) 根据《军事武器管制法》，

1. 第十九条第一款至第三款、第二十条第一款与第二款、第二十条之 a 第一款至第三款，以及这些条款与第二十一条协同规定的犯罪行为；

2. 第二十二条之 a 第一款至第三款规定的犯罪行为。

(八)根据《武器法》,

1. 第五十一条第一款至第三款规定的犯罪行为;

2. 第五十二条第一款第一项与第二项之 c 与之 d,以及第五款与第六款规定的犯罪行为。

第七十六条之 b　犯罪所得与犯罪所得价额没收的时效

一、本法第七十三条之 a 与第七十六条之 a 规定的犯罪所得与犯罪所得价额的扩大没收与单独没收,时效为三十年。时效从正犯、共犯或第三人为获取本法第七十三条之 b 意义上的所得而实施的违法行为结束时起算。参照适用本法第七十八条之 b 与第七十八条之 c 的规定。

二、在本法第七十八条第二款与《国际刑法典》第五条情况下,本法第七十三条之 a 与第七十六条之 a 规定的犯罪所得与犯罪所得价额的扩大没收与单独没收不适用时效规定。

第四章　告诉、授权、请求

第七十七条　告诉权人

一、告诉才追诉的犯罪，只要法律没有其他规定，被害人可以提起告诉。

二、被害人死亡的，其告诉权在法律规定的情况下转移至配偶、生活伴侣与子女。被害人没有配偶、生活伴侣与子女，或他们在告诉期间届满前死亡的，告诉权转移至父母；父母在告诉期间届满前死亡的，告诉权转移至兄弟姐妹与孙子女。亲属参与犯罪或亲属关系消灭的，告诉权转移时将其排除。告诉权的行使不得违反被害人明示的意思。

三、告诉权人无行为能力或属于限制行为能力的，其个人事项的法定代理人或监护权人行使告诉权。

四、有多个告诉权人的，每个人可以独立提起告诉。

第七十七条之 a　监督者的告诉

一、公职人员、对公职承担特别义务的人、国防军士兵实施的犯罪或针对此三类人实施的犯罪，根据上级监督者的告诉才能追诉的，由犯罪行为发生时领导当事人的监督者行使告诉权。

二、如果职业法官实施了犯罪或成为犯罪的侵害对象，由对法官进行职务监督的人行使告诉权。国防军士兵的上级监督者是指纪律监督者。

三、在公职人员、对公职承担特别义务的人无上级监督者或不曾有上级监督者的情况下，由其所在的机构或曾工作过的机构行使告诉权。在公职人员、对公职承担特别义务的人自己领导机构时，由国家监督机构行使告诉权。

四、如果联邦政府成员或州政府成员实施了犯罪或成为犯罪的侵害对象，由联邦政府或州政府行使告诉权。

第七十七条之 b　告诉期间

一、告诉才追诉的犯罪,告诉权人在三个月的告诉期间届满前未提起告诉的,不再受追诉。告诉期间届满之日为周六、周日或公共节假日的,下一个工作日结束之时起告诉期间届满。

二、告诉期间从告诉权人知悉行为人与行为之日起算。法定代理人与监护人的告诉,从其知悉之日起算。

三、有多个告诉权人或多人参与犯罪的,告诉与被告诉的期间分别起算。

四、告诉权人死亡,告诉权转移至其亲属的,告诉期间最早在被害人死亡后三个月,最晚在被害人死亡后六个月届满。

五、如果根据《刑事诉讼法》第三百八十条的规定作出的执行赔偿的申请到达和解机构,在根据《刑事诉讼法》第三百八十条第一款第三句的规定递交和解证明前,告诉期间中止。

第七十七条之 c　相互犯罪的告诉

相互之间的犯罪是指,双方犯罪行为有关联且均为告诉才追诉的犯罪。此种情况下,当一告诉权人申请对另一告诉权人提起刑事追诉,而另一告诉权人在一审最后陈述结束前未提起告诉的,告诉权消灭。如果另一告诉权人在一审最后陈述结束前提起了告诉,即使其告诉权期间已届满,仍可以提起告诉。

第七十七条之 d　撤回告诉

一、告诉可以撤回。在刑事诉讼程序宣告结束前均可撤回告诉。撤回告诉后不得再提起告诉。

二、被害人死亡或告诉权人在提起告诉后死亡,其配偶、生活伴侣、子女、父母、兄弟姐妹、孙子女可以按照本法第七十七条第二款规定的顺序撤回告诉。有多位亲属且处于同一顺序的,仅能共同行使撤回权。参与犯罪的人不得撤回告诉。

第七十七条之 e　授权与请求

授权与请求才追诉的犯罪,参照适用本法第七十七条与第七十七条之 d 的规定。

第五章　时　　效

第一节　追诉时效

第七十八条　时效期限

一、对犯罪的惩罚与处分(本法第十一条第一款第八项)因时效期限届满而消灭。本法第七十六条之a第二款的规定不受影响。

二、本法第二百一十一条规定的重罪(谋杀)无追诉时效期限。

三、犯罪行为的追诉时效期限如下:

(一)对可判处终身自由刑的行为,追诉时效期限三十年;

(二)对可判处最高十年以上自由刑的行为,追诉时效期限二十年;

(三)对可判处最高五年至十年自由刑的行为,追诉时效期限十年;

(四)对可判处最高一年至五年自由刑的行为,追诉时效期限五年;

(五)其他行为,追诉时效期限三年。

四、时效期限的确定应当根据行为符合的法定构成要件而定,不考虑根据总则规定,或因情节特别严重或情节较轻而加重或减轻刑罚的情况。

第七十八条之a　时效的起算

时效在行为实施结束后起算。行为实施结束之后构成要件结果才发生的,时效从结果发生时起算。

第七十八条之b　时效的中止

一、时效在下列情况下中止:

(一)本法第一百七十四条至第一百七十四条之c、第一百七十六条至第一百七十八条、第一百八十二条、第一百八十四条之 b 第一款第一句第三项以及其与第二款的协同规定、第二百二十五条、第二百二十六条之 a、第二百三十七条规定的犯罪的被害人年满三十周岁前；

（二）依照法律不得开始或继续追诉的情况，但本规定不适用于犯罪因欠缺告诉、授权与请求而不能追诉的情况。

二、因行为人是联邦议院或州立法机构成员而不能追诉的，时效的中止从下列时间起算：

（一）检察官、政府机构或警方知悉犯罪行为与行为人；或者

（二）行为人被告发或告诉（《刑事诉讼法》第一百五十八条）。

三、在时效届满前作出一审判决时，时效不予起算，直至该程序确定终结。

四、法律对情节特别严重的情况加重刑罚至五年以上自由刑，且主审程序在州法院开启的，在本法第七十八条第三款第四项情况下，时效在主审程序开启后中止，最长中止期间为五年；第三款的规定不受影响。

五、（第一句）行为人滞留于外国，且主管机构已经向该国提出正式引渡请求的，时效从该国收到请求时中止：

（一）直至行为人被移交至德国主管机构；

（二）直至行为人在被请求国的主权领域内被释放；

（三）直至该国对引渡请求的拒绝到达德国主管机构；或者

（四）直至请求撤回。

（第二句）外国收到引渡请求的日期不明的，以请求发出或提交给外国后一个月期满时视为请求到达，但请求机构知悉请求事实上未到达外国或延迟到达的，不在此限。（第三句）在被请求国根据 2002 年 6 月 13 日《关于欧洲逮捕令及成员国间移交程序的理事会框架决议》或根据国际条约，存在与《刑事事务国际司法协助法》第八十三条之 c 相当的期间规定时，第一句的规定不予适用。

六、在本法第七十八条第三款第一项至第三项情况下，时效从当事人被移交至国际刑事法院或执行国起中止，直至其被交还德国主管机构或由国际刑事法院或执行国释放。

第七十八条之 c 时效的中断

一、(第一句)时效因下列事由而中断:

(一)第一次讯问被告,告知对其启动侦查程序,或命令进行前述讯问与告知;

(二)法官讯问与命令讯问被告人;

(三)法官或检察官在讯问被告或告知对其启动侦查程序后委托鉴定人;

(四)法官作出扣押、搜索命令或维持此类命令的裁判;

(五)法官作出羁押令、收容与交付命令、拘提令或维持此类命令的裁判;

(六)提起公诉;

(七)开启主审程序;

(八)确定开庭时间;

(九)作出刑罚命令或其他与判决相似的裁判;

(十)因被告人缺席而暂时中止法庭程序,以及法官或检察官在这一中止后作出命令,或法官或检察官在针对被告人缺席而进行的诉讼程序中,为调查被告人居留地与证据保全作出命令;

(十一)因被告人无行为能力而暂时中止法庭程序,以及法官或检察官在这一中止后为审查被告人是否无行为能力而作出命令;或者

(十二)法官作出在外国进行调查的请求。

(第二句)在保安处分程序与独立程序中,时效会因为执行保安处分程序与独立程序而实施的,与第一句规定相符的行为而中断。

二、在书面命令或裁判的情况下,时效在命令或裁判签署时中断。如果没有在文书签署后立即进入公务程序,时效从事实上进入公务程序时中断。

三、时效在中断后重新起算。但是,如果自本法第七十八条之 a 规定的时间点开始经过法定时效期间两倍的时间,则追诉权消灭;如果特别法律规定的时效期间少于三年,则追诉权在至少经过三年后消灭。本法第七十八条之 b 的规定不受影响。

四、时效中断的效力只及于与该中断行为相关的人。

五、犯罪行为实施结束时适用的法律在裁判前有变更,时效因此缩短的,在

新法生效前中断的效力不受影响，即使在中断时追诉根据新法已罹于时效。

第二节 行刑时效

第七十九条 时效期限

一、科处的刑罚与处分生效后罹于时效的，不得再执行。

二、终身自由刑的执行不适用时效。

三、行刑时效期限如下：

（一）十年以上自由刑的时效期限为二十五年；

（二）五年至十年自由刑的时效期限为二十年；

（三）一年至五年自由刑的时效期限为十年；

（四）一年自由刑与三十日额以上罚金刑的时效期限为五年；

（五）三十日额以下罚金刑的时效期限为三年。

四、保安监督与不定期的行为监督（本法第六十八条之c第二款第一句或第三款）的执行不受时效限制。时效期限如下：

（一）行为监督的其他情况与第一次收容于戒瘾机构，经过五年；

（二）其他措施，经过十年。

五、同时宣告自由刑与罚金刑，或判处刑罚之外又宣告剥夺自由的处分、没收或查封的，只要一种刑罚或处分的执行仍在时效期限内，则另一种刑罚或处分的执行不罹于时效。但同时命令的保安监督不妨碍另一刑罚或处分的执行罹于时效。

六、行刑时效从裁判生效时起算。

第七十九条之a 时效的中止

行刑时效在下列情况下中止：

（一）根据法律不能开始或继续执行刑罚。

（二）受判决人被允许：

1. 延期或中断执行刑罚；

2. 通过法官裁判或恩赦中止执行交付考验；或者

3. 在罚金刑与没收中减轻给付。

(三)受判决人在德国境内或国外因官方命令被羁押在相关机构。

第七十九条之 a 时效的延长

如果受判决人滞留于某区域,不能从那里被引渡或移管,法院可以根据执行机构的申请,在行刑时效届满之前延长一次,延长时间为法定时效期限的一半。

分　　则

第一章　破坏和平、叛乱与危害民主法治国家的犯罪

第一节　破坏和平

第八十条　(删除)

第八十条之 a　煽动侵略犯罪

在本法的空间效力范围内,公开、在集会中或通过传播特定内容(本法第十一条第三款)煽动侵略犯罪(《国际刑法典》第十三条)的,处三个月以上五年以下自由刑。

第二节　叛　　乱

第八十一条　针对联邦的叛乱

一、以暴力或暴力威胁方式着手实施下列行为的,处终身自由刑或十年以上自由刑:

(一)危害德意志联邦共和国的存续;或者

(二)改变以《德意志联邦共和国基本法》为基础的合宪性秩序。

二、情节较轻的,处一年以上十年以下自由刑。

第八十二条　针对州的叛乱

一、以暴力或暴力威胁方式着手实施下列行为的,处一年以上十年以下自由刑:

（一）将某一州的全部或部分领土并入德意志联邦共和国的另一州或将某一州的部分领土从该州分裂出去；或者

（二）改变以州宪法为基础的合宪性秩序。

二、情节较轻的，处六个月以上五年以下自由刑。

第八十三条　叛乱行为的预备

一、预备实施针对联邦的特定叛乱行为的，处一年以上十年以下自由刑，情节较轻的，处一年以上五年以下自由刑。

二、预备实施针对州的特定叛乱行为的，处三个月以上五年以下自由刑。

第八十三条之 a　主动悔罪

一、在本法第八十一条与第八十二条规定的情况下，如果行为人自愿放弃继续实施犯罪行为，且消除或显著降低其所知悉的他人继续实施犯罪行为的危险，或自愿阻止犯罪既遂，法院可以依裁量减轻刑罚（本法第四十九条第二款）或不根据这些法条予以处罚。

二、在本法第八十三条规定的情况下，如果行为人自愿放弃继续实施犯罪行为，且消除或显著降低其所知悉的他人继续实施犯罪行为的危险，或自愿阻止犯罪既遂，法院可以根据第一款的规定进行审理。

三、上述危险的消除或显著降低或阻止犯罪既遂虽然不是因为行为人的协助，但行为人为实现这一目的自愿并真挚地做了努力的，仍视为主动悔罪。

第三节　危害民主法治国家

第八十四条　维续被宣布违宪的政党

一、（第一句）在本法的空间效力范围内作为领导者或幕后操纵者维持下列组织结构的，处三个月以上五年以下自由刑：

（一）联邦宪法法院宣布为违宪的政党；或者

（二）联邦宪法法院确认为被禁政党的替代组织。

（第二句）未遂行为将受到处罚。

二、作为第一款所指的政党的成员开展活动，或支持其组织结构或支持其继续活动的，处五年以下自由刑或罚金。

三、（第一句）拒不服从联邦宪法法院在诉讼程序中根据《基本法》第二十一条第二款或《政党法》第三十三条第二款的规定作出的实体裁判，或抵制为执行在上述诉讼程序中作出的实体裁判而施加的可执行措施的，处五年以下自由刑或罚金。（第二句）根据《基本法》第十八条进行的诉讼程序视为第一句所指的诉讼程序。

四、在第一款第二句、第二款与第三款第一句情况下，参与人责任轻微且在共同犯罪中起从属作用的，法院可以依裁量减轻刑罚（本法第四十九条第二款）或根据本条规定免除刑罚。

五、在第一款至第三款第一句情况下，行为人自愿并真挚地作出阻止该政党存续的努力的，法院可以依裁量减轻刑罚（本法第四十九条第二款）或根据本条规定免除刑罚；当该政党未能存续时，无论这一结果是否由行为人作出的真挚努力所致，不应予以处罚。

第八十五条　违反结社禁令

一、在本法的空间效力范围内作为领导者或幕后操纵者维持下列组织结构的，处五年以下自由刑或罚金：

（一）在诉讼程序中根据《政党法》第三十三条第三款的规定被终局性确认为被禁政党的替代组织的政党或团体；或者

（二）因违反合宪性秩序或国际共识而被终局性禁止的团体，或被终局确认为此类被禁团体的替代组织。

未遂行为将受到处罚。

二、作为第一款所指的政党或团体的成员开展活动，实施维持其组织团结一致的行为或支持其组织继续活动的行为，处三年以下自由刑或罚金。

三、参照适用本法第八十四条第四款与第五款的规定。

第八十六条　传播违宪组织与恐怖组织的宣传资料

一、在德国境内传播或向公众提供，或在德国境内外制作、存储、输入或输出下列物品的，处三年以下自由刑或罚金：

（一）联邦宪法法院宣布为违宪的政党，或终局性确认为被禁政党的替代政党、团体的宣传资料；

（二）因违反合宪性秩序或国际共识而被终局性禁止的团体，或被终局性确认为此类被禁团体的替代组织的宣传资料；

（三）在本法的空间效力范围之外的，为发展第一项与第二项所指的政党或团体的目的而活动的政权、团体或机构的宣传资料；或者

（四）根据其内容可以确定旨在延续之前的纳粹组织活动的宣传资料。

二、在德国境内传播或向公众提供，或在德国境内外制作、存储、输入或输出关于以下组织的宣传资料，根据前款规定处罚。这些组织包括2021年2月5日颁布的，以执行《欧共体条例(EG)2580/2001》第二条第三项为目的，内容系为打击恐怖主义而针对某些个人和实体规定具体限制性措施的《欧盟理事会实施条例2021/138》附件中所列举的组织。对此《欧盟条例2020/1128》(欧盟官方公报，L43，2021年2月8日，第1页)不再适用。

三、第一款意义上的宣传资料，仅指违反自由民主基本秩序或国际共识的内容(本法第十一条第三款)。第二款意义上的宣传资料，仅指危害国家或国际组织的存续与安全或违反德意志联邦共和国宪法基本原则的内容。

四、第一款与第二款的规定不适用出于国民教育、防止违宪、艺术或科学、研究或学术、对时事或历史进行新闻报道以及其他相似目的而实施的行为。

五、责任轻微的，法院可以根据本规定免除刑罚。

第八十六条之a　使用违宪组织与恐怖组织标志

一、实施下列行为的，处三年以下自由刑或罚金：

（一）在德国境内传播本法第八十六条第一款第一项、第二项、第四项或第二款所指的政党、团体的标志，或公开、在集会中或在由上述政党或团体传播的内容(本法第十一条第三款)中使用上述标志；或者

（二）为在德国境内外传播或使用而以第一项所指的方式制作、存储、输入或输出包含或展示上述标志的内容(本法第十一条第三款)。

二、(第一句)第一款意义上的标志，是指旗帜、符号、制服、口号与问候方式。(第二句)与第一句所指的标志相似而易混淆的，视为第一句所指的标志。

三、参照适用本法第八十六条第四款与第五款的规定。

第八十七条　为破坏目的而进行间谍活动

一、执行本法的空间效力范围之外的政权、团体或机构的指令，预备在本法效力范围内实施下列构成犯罪的破坏活动，且故意支持或明知前述政权、团体或机构意图危害德意志联邦共和国的存续或安全或违反宪法原则的目的的，处五年以下自由刑或罚金：

（一）预备接受上述机构的指令实施破坏行为；

（二）侦察拟破坏的目标；

（三）制造、为自己或他人获取、保存、向他人转让或输入破坏工具；

（四）设置、维护或检查放置破坏工具的仓库、从事破坏活动的据点；

（五）接受破坏活动培训或培训他人的；或者

（六）为从事破坏活动（第一项至第五项）的间谍与上述机构建立或维护联系。

二、第一款所指的破坏活动包括：

（一）符合本法第一百零九条之e、第三百零五条、第三百零六条至第三百零六条之c、第三百零七条至第三百零九条、第三百一十三条、第三百一十五条、第三百一十五条之b、第三百一十六条之b、第三百一十六条之c第一款第二项、第三百一十七条或第三百一十八条规定的犯罪构成要件的行为；以及

（二）其他妨害对保卫国家、保护平民免遭战争威胁、国民经济有重要价值的企业的运作，或损毁、破坏、倾覆、改变服务上述企业运作的物品或使其不能运作，或切断服务上述企业运作的能源的行为。

三、如果行为人自愿放弃其行为并及时向主管机构报告其所知悉的情况，从而能够阻止其所知悉的计划内的破坏活动，法院可以根据本条规定免除刑罚。

第八十八条　敌视宪法的破坏活动

一、在本法的空间效力范围内作为集团领导者或幕后操纵者故意实施下列行为；或不与任何集团共同行动，不为任何集团实施，仅以个人身份故意实施下列行为，使相关企业、设施、机构或物品全部或大部分失去效用或丧失特定功能，且意图借此实现危害德意志联邦共和国的存续与安全或违反宪法原则的目的的，处五年以下自由刑或罚金：

（一）破坏提供公共邮政或公共交通的企业或设施；

（二）破坏服务公共目的的电信设施；

（三）破坏提供公共饮水、照明、热力、动力，以及其他对居民生活有重要功能的企业或设施；或者

（四）破坏全部或大部分服务公共安全与秩序的机构、设施或物品。

二、本罪的未遂可罚。

第八十九条　以敌视宪法方式影响国防军与公共安全组织

一、有计划地对国防军或公共安全组织成员施加影响，削弱其按照义务应对德意志联邦共和国安全或合宪性秩序所做的保护准备工作，且意图借此实现危害德意志联邦共和国的存续与安全或违反宪法原则的目的的，处五年以下自由刑或罚金。

二、本罪的未遂可罚。

三、参照适用本法第八十六条第五款的规定。

第八十九条之a　预备实施严重危害国家的暴力犯罪

一、预备实施严重危害国家的暴力犯罪的，处六个月以上十年以下自由刑。严重危害国家的暴力犯罪是指实施本法第二百一十一条或第二百一十二条规定的针对生命的犯罪、第二百三十九条之a或第二百三十九条之b规定的针对人身自由的犯罪，且根据犯罪情况足以危害国家、国际组织的存续与安全，或足以颠覆德意志联邦共和国宪法原则或使其失效或被削弱的行为。

二、行为人以下列方式预备实施严重危害国家的暴力犯罪的，方可适用第一款的规定：

（一）指导他人或在他人指导下制作或使用射击武器、爆炸物、爆炸或引火装置、核燃料或其他放射性物质、包含或能够产生毒素的物质、其他有害健康的物质或为实施犯罪而必要的特殊装置，以及指导用于实施第一款所指的犯罪的专门技能；

（二）制造、为自己或他人获取、保存、向他人转让武器和第一项所指的物质或装置；或者

（三）为自己获取、保存对制造武器或第一项所指的物质、装置而言非常重

要的物品或物质。

二 a、行为人为实施严重危害国家的暴力犯罪或第二款第一项所指的行为作准备，从德意志联邦共和国出发前往某个国家，在那里接受第二款第一项所指的指导的，适用第一款的规定。

三、(第一句)预备行为在国外实施的，仍适用第一款的规定。(第二句)预备行为在欧盟成员国之外的国家实施的，只有当是由德国公民或在德国有生活基础的外国人实施，或预备实施的严重危害国家的暴力犯罪将发生在德国境内，或由德国公民实施或对德国公民实施时，方可适用第一款的规定。

四、在第三款第二句情况下，追诉需要联邦司法与消费者保护部的授权。在欧盟其他成员国的预备行为，如果预备行为不是由德国公民实施，或预备实施的严重危害国家的暴力犯罪不会发生在德国境内，或由德国公民实施或对德国公民实施，追诉需要联邦司法与消费者保护部的授权。

五、情节较轻的，处三个月以上五年以下自由刑。

六、法院可以命令将行为人交付行为监督(本法第六十八条第一款)。

七、如果行为人自愿放弃继续实施严重危害国家的暴力犯罪的预备行为，且消除或显著降低其知悉的他人继续实施预备或犯罪行为的危险，或自愿阻止犯罪既遂，法院可以依裁量减轻刑罚(本法第四十九条第二款)或根据本规定免除刑罚。上述危险的消除或显著降低或阻止严重危害国家安全的暴力犯罪既遂虽然不是因为行为人的协助，但行为人为实现这一目的自愿并真挚地作出努力的，仍适用本条规定。

第八十九条之 b　建立与严重危害国家的暴力犯罪的联系

一、意图接受指导而实施本法第八十九条之 a 第二款第一项规定的犯罪行为，而与本法第一百二十九条之 a 所指的团体，以及本法第一百二十九条之 a 与本法第一百二十九条之 b 协同规定所指的团体建立与保持联系的，处三年以下自由刑或罚金。

二、第一款的规定不适用于履行合法职务与合法义务的行为。

三、(第一句)第一款的规定也适用于在外国建立与保持联系的情况。(第二句)对于欧盟成员国以外的国家，只有当与该国建立或保持联系是由德国公民或在德国境内有生活基础的外国人实施时，方可适用第一款的规定。

四、下列情况下，追诉需要联邦司法与消费者保护部的授权：

（一）在第三款第二句情况下；或者

（二）在欧盟其他成员国国内建立与保持联系是由非德国公民实施。

五、责任轻微的，法院可以根据本规定免除刑罚。

第八十九条之c　资助恐怖主义

一、（第一句）明知或蓄意使他人实施下列犯罪而募集、接受或提供资金供其犯罪之用的，处六个月以上十年以下自由刑：

（一）谋杀（本法第二百一十一条），故意杀人（本法第二百一十二条），种族灭绝（《国际刑法典》第六条），反人类罪（《国际刑法典》第七条），战争罪（《国际刑法典》第八条至第十二条），本法第二百二十四条所指的身体伤害或对他人造成严重身体或精神伤害，特别是本法第二百二十六条所指的伤害；

（二）绑架勒索（本法第二百三十九条之a）或绑架人质（本法第二百三十九条之b）；

（三）本法第三百零三条之b、第三百零五条、第三百零五条之a规定的犯罪行为，第三百零六条至第三百零六条之c，第三百零七条第一款至第三款，第三百零八条第一款至第四款，第三百零九条第一款至第五款，第三百一十三条，第三百一十四条，第三百一十五条第一款、第三款、第四款，第三百一十六条之b第一款、第三款，第三百一十六条之c第一款至第三款，以及第三百一十七条第一款规定的危害公共安全犯罪；

（四）本法第三百三十条之a第一款至第三款规定的危害环境犯罪；

（五）《军事武器管制法》第十九条第一款至第三款、第二十条第一款或第二款、第二十条之a第一款至第三款、第十九条第二款第二项或第三款第二项、第二十条第一款或第二款或第二十条之a第一款至第三款，以及各条款与第二十一条共同规定的犯罪，或第二十二条之a第一款至第三款规定的犯罪*；

---

* 本项出现了两次“第二十条第一款或第二款、第二十条之a第一款至第三款”，原文如此。——译者注

（六）《武器法》第五十一条第一款至第三款规定的犯罪；

（七）本法第三百二十八条第一款、第二款或第三百一十条第一款、第二款规定的犯罪；

（八）本法第八十九条之a第二a款规定的犯罪。

（第二句）在第一项至第七项情况下，第一句仅适用于该犯罪是以显著方式恐吓居民，或以违法的暴力或暴力威胁胁迫政府机构或国际组织，或颠覆或严重损害某个国家或国际组织的政治、宪法、经济或社会基础结构，且通过其行为类型与影响足以对某个国家或国际组织造成严重危害的行为。

二、符合第一款第二句规定条件，募集、接受或提供资金供他人亲自实施第一款第一句所指犯罪之用的，根据前款的规定处罚。

三、（第一句）资助行为在国外实施的，仍适用第一款与第二款的规定。（第二句）资助行为在欧盟成员国之外实施的，只有由德国公民或在德国有生活基础的外国人实施，或受到资助的犯罪行为应发生在德国境内，或由德国公民实施或对德国公民实施时，方可适用第一款与第二款的规定。

四、在第三款第二句情况下，追诉需要联邦司法与消费者保护部的授权。发生在欧盟其他成员国的资助行为，如果资助行为不是由德国公民实施，或受到资助的犯罪行为不会发生在德国境内，或对德国公民实施，追诉需要联邦司法与消费者保护部的授权。

五、对第一款或第二款所指犯罪的资助金额较少的，处三个月以上五年以下自由刑。

六、行为人责任轻微的，法院可以依裁量减轻刑罚或（本法第四十九条第一款）免除刑罚。

七、如果行为人自愿放弃继续实施预备行为，且消除或显著降低其知悉的他人继续实施预备或犯罪行为的危险，或自愿阻止犯罪既遂，法院可以依裁量减轻刑罚（本法第四十九条第二款）或根据本规定免除刑罚。上述危险的消除或显著降低或阻止犯罪既遂虽然不是因为行为人的协助，但行为人为实现这一目的自愿并真挚地作出努力的，仍适用本规定。

第九十条 诋毁联邦总统

一、公开、在集会中或通过传播的内容（本法第十一条第三款）诋毁联邦总统的，处三个月以上五年以下自由刑。

二、情节较轻的，如果不属于本法第一百八十八条所指的情况，法院可以依裁量减轻刑罚（本法第四十九条第二款）。

三、如果行为属于诽谤（本法第一百八十七条）或行为人借此行为意图实现危害德意志联邦共和国的存续与安全或违反宪法原则的目的的，处六个月以上五年以下自由刑。

四、行为只有得到联邦总统的授权方可追诉。

第九十条之 a 诋毁国家及其象征

一、公开、在集会中或通过传播的内容（本法第十一条第三款）实施下列行为的，处三年以下自由刑或罚金：

（一）诋毁或恶意蔑视德意志联邦共和国、各州及其合宪性秩序；或者

（二）诋毁德意志联邦共和国、各州的颜色、旗帜、徽章、国歌和州歌。

二、移除、损毁、破坏德意志联邦共和国、各州公开展示的旗帜、官方公开设置的主权标志，或使其不能使用或被识别，或对其加以侮辱的，根据前款的规定处罚。本罪的未遂可罚。

三、行为人借此行为意图实现危害德意志联邦共和国的存续或违反宪法原则的目的的，处五年以下自由刑或罚金。

第九十条之 b 诋毁宪法机构

一、公开、在集会中或通过传播的内容（本法第十一条第三款）以损害国家声誉的方式，诋毁联邦、各州及作为其成员的立法机构、政府或宪法法院，且借此行为意图实现危害德意志联邦共和国的存续与安全或违反宪法原则的目的的，处三个月以上五年以下自由刑。

二、行为只有得到宪法机构或其成员的授权方可追诉。

第九十条之 c 诋毁欧盟象征

一、公开、在集会中或通过传播的内容（本法第十一条第三款）诋毁欧盟的旗帜或盟歌的，处三年以下自由刑或罚金。

二、移除、损毁、破坏欧盟公开展示的旗帜,或使其不能使用或被识别,或对其加以侮辱的,根据前款的规定处罚。本罪的未遂可罚。

第九十一条 指导实施严重危害国家的暴力犯罪

一、实施下列行为的,处三年以下自由刑或罚金:

(一)赞扬或向他人提供用以指导实施严重危害国家的暴力犯罪的内容(本法第十一条第三款),且根据传播情况足以认为能够促进或唤起他人实施严重危害国家的暴力犯罪的决心;

(二)为实施严重危害国家的暴力犯罪为自己获取第一项所指的内容。

二、下列情况不适用第一款的规定:

(一)为了国民教育、防止违宪、艺术或科学、研究或学术、对时事或历史进行新闻报道以及出于其他相似目的而实施行为;或者

(二)为了履行合法职务与合法义务而实施行为。

三、责任轻微的,法院可以根据本规定免除刑罚。

第九十一条之 a 适用范围

本法第八十四条、第八十五条与第八十七条的规定仅适用于通过在本法的空间效力范围内开展的活动所实施的犯罪。

第四节 一般规定

第九十二条 概念定义

一、本法意义上的危害德意志联邦共和国的存续,是指借助外来的统治破坏国内自由,或破坏国家统一或分裂其所属领土。

二、本法意义上的宪法原则,是指:

(一)人民拥有以投票、表决以及通过立法、行政与司法机构管理国家事务的权利,也拥有通过普通、直接、自由、平等与匿名的方式选举民意代表的权利;

(二)立法应受合宪性秩序的约束,行政与司法应受法律与权利的约束;

(三)有权组建议会反对派并行使权利;

(四)政府的可解散性与其应对民意代表负责;

(五)司法独立;

(六)排除暴力统治与独裁统治。

三、本法意义上:

(一)危害德意志联邦共和国存续的行为,是指支持这一目的的人致力于妨害德意志联邦共和国存续的行为;

(二)危害德意志联邦共和国安全的行为,是指支持这一目的的人致力于妨害德意志联邦共和国外部与内部安全的行为;

(三)危害宪法原则的行为,是指支持这一目的的人致力于颠覆宪法原则(第二款)或使其失效或被削弱的行为。

第九十二条之 a 附随后果

法院根据本章规定,除了对行为人因犯罪行为判处六个月以上自由刑,还可以剥夺其担任公职的资格、经公共选举获得权利的资格与在公共事务中选举与表决的权利(本法第四十五条第二款与第五款)。

第九十二条之 b 没收

对实施本章规定的犯罪行为的行为人,可以没收:

(一)通过犯罪获得的物品或为实施、预备实施犯罪而使用、预定供此使用的物品;以及

(二)与本法第八十条之 a、第八十六条、第八十六条之 a、第八十九条之 a 至第九十一条规定的犯罪有关的物品。本法第七十四条之 a 的规定在此也适用。

第二章　叛国与危害国家安全

第九十三条　国家秘密的定义

一、国家秘密是指为避免德意志联邦共和国的外部安全遭受严重不利，只为有限范围的人员所知悉，应对境外势力保密的事实、物品或情报。

二、违反自由民主基本秩序的事实，或对德意志联邦共和国所缔结条约的其他缔约国保密的违反军备控制条约的事实，不属于国家秘密。

第九十四条　叛国

一、将国家秘密：

（一）告知境外势力或其中间人；或者

（二）向无权获得的人提供或向公众公开，意图危害德意志联邦共和国或有利于境外势力；

从而导致德意志联邦共和国的外部安全有遭受严重不利的危险的，处一年以上自由刑。

二、（第一句）情节特别严重的，处终身自由刑或五年以上自由刑。（第二句）情节特别严重原则上是指行为人：

（一）滥用为保护国家秘密而特别赋予其义务的负责地位；或者

（二）通过其行为导致德意志联邦共和国的外部安全有遭受严重不利的危险。

第九十五条　公开国家秘密

一、将公务机构所保密的国家秘密与其要求保密的国家秘密向无权获得的人提供或向公众公开，从而导致德意志联邦共和国的外部安全有遭受严重不利的危险的，如果该行为不属于本法第九十四条规定的应受刑罚处罚的行为，处六个月以上五年以下自由刑。

二、本罪的未遂可罚。

三、情节特别严重的，处一年以上十年以下自由刑。在此应适用本法第九十四条第二款第二句的规定。

第九十六条　以叛国为目的刺探国家秘密，以公开为目的刺探国家秘密

一、以泄露为目的而获取国家秘密的（本法第九十四条），处一年以上十年以下自由刑。

二、以公开为目的（本法第九十六条）而获取公务机构所保密的国家秘密或其要求保密的国家秘密的（本法第九十五条），处六个月以上五年以下自由刑。本罪的未遂可罚。

第九十七条　泄露国家机密

一、将公务机构所保密的国家秘密以及其要求保密的国家秘密向无权获得的人提供或向公众公开，从而过失地导致德意志联邦共和国的外部安全有遭受严重不利的危险的，处五年以下自由刑或罚金。

二、泄露公务机构所保密的国家秘密以及其要求保密的国家秘密以及根据行为人职务、地位或公务机构的委托而获得的国家秘密，从而重大过失地导致德意志联邦共和国的外部安全有遭受严重不利的危险的，处三年以下自由刑或罚金。

三、行为只有得到联邦政府的授权方可追诉。

第九十七条之a　泄露非法秘密

（第一句）将本法第九十三条第二款规定的不属于国家秘密的秘密告知境外势力或其中间人，从而导致德意志联邦共和国的外部安全有遭受严重不利的危险的，按照叛国罪（本法第九十四条）的规定处罚。（第二句）第一句所指的国家秘密参照适用本法第九十六条第一款与第九十四条第一款第一项的协同规定。

第九十七条之b　在认识错误的情况下泄露非法秘密

一、行为人在本法第九十四条至第九十七条情况下，误将国家秘密认为是本法第九十七条之a所指的秘密而行为的，如果满足下列三项条件之一：

(一)这一错误应归责于行为人；

(二)行为人不是因为抵制误认为存在的违反军备控制条约情形而实施行为；或者

(三)行为根据其状况，不属于为实现上一项所规定的目的所采取的适当手段；

应根据相应法条处罚。如果行为人事前没有向联邦议院成员寻求补救措施，其行为原则上属于上述第三项所指的不适当手段。

二、行为人作为公职人员或国防军士兵，在职务上受委托或接触国家秘密的，如果在实施第一款所规定的行为后，没有寻求上级监督者或纪律监督者的补救措施，仍应处罚。本规定准用于对公职承担特别义务的人与本法第三百五十三条之b第二款所指的承担义务的人。

第九十八条　叛国的间谍活动

一、(第一句)实施下列行为的：

(一)为境外势力效力，目的在于获取或告知国家秘密；或者

(二)向境外势力或其中间人承诺进行上述活动；

如果行为不受本法第九十四条或第九十六条第一款规制，处五年以下自由刑或罚金。(第二句)情节特别严重的，处一年以上十年以下自由刑；参照适用本法第九十四条第二款第二句第一项的规定。

二、如果当事人自愿放弃其行为且向主管机构揭露其所了解的情况，法院可以依裁量减轻刑罚(本法第四十九条第二款)或根据本规定免除刑罚。在第一款第一句情况下，行为人被境外势力或其中间人胁迫犯罪的，如果当事人自愿放弃其行为且向主管机构揭露其所了解的情况，则不根据本规定予以处罚。

第九十九条　为情报机构从事间谍活动

一、实施下列行为的：

(一)为境外势力的情报机构从事针对德意志联邦共和国的间谍活动，目的在于告知或提供事实、物品或情报；或者

(二)向境外势力或其中间人承诺进行上述活动；

如果该行为不属于本法第九十四条、第九十六条第一款、第九十七条之a、第九十七条之b,以及前述各条与本法第九十四条或第九十六条第一款协同规定的应受刑罚处罚的行为,处五年以下自由刑或罚金。

二、情节特别严重的,处十年以下自由刑。行为人告知、提供由公务机构保密的或其要求保密的事实、物品或情报,满足下列情况之一者,属情节特别严重:

(一)滥用为保护国家秘密而特别赋予其义务的负责地位;或者

(二)通过其行为导致德意志联邦共和国的外部安全有遭受严重不利的危险。

三、参照适用本法第九十八条第二款的规定。

第一百条　危害和平关系

一、在本法的空间效力范围内有生存基础的德国公民,意图招致针对德意志联邦共和国的战争或武装行为,而与本法的空间效力范围之外的政权、团体、机构或其中间人建立或保持联系的,处一年以上自由刑。

二、情节特别严重的,处五年以上自由刑。情节特别严重原则上是指,行为人的行为导致德意志联邦共和国的外部安全有遭受严重不利的危险。

三、情节较轻的,处一年以上五年以下自由刑。

第一百条之a　叛国的伪造行为

一、意图欺骗境外势力,虽然知情但仍将伪造或变造的物品、相关不实信息或对事实的不实表述向他人提供或向公众公开(如果这些物品、信息或表述为真时,会对德意志联邦共和国的外部安全或与境外势力的关系有重大影响),从而导致德意志联邦共和国的外部安全以及与境外势力的关系有遭受严重不利的危险时,处六个月以上五年以下自由刑。

二、以伪造或变造方式制作或为自己获取物品,目的在于以第一款所指方式欺骗境外势力而使他人获取或向公众公开,因此导致德意志联邦共和国的外部安全以及与境外势力的关系有遭受严重不利的危险的,根据前款的规定处罚。

三、本罪的未遂可罚。

四、情节特别严重的，处一年以上自由刑。情节特别严重原则上是指，行为人的行为导致德意志联邦共和国的外部安全以及与境外势力的关系有遭受严重不利的危险。

第一百零一条　附随后果

法院根据本章规定，除了对行为人因犯罪行为判处六个月以上自由刑，还可以剥夺其担任公职的资格、经公共选举获得权利的资格与在公共事务中选举与表决的权利（本法第四十五条第二款与第五款）。

第一百零一条之 a　没收

（第一句）对实施本章规定的犯罪行为的行为人，可以没收：

（一）通过犯罪获得的物品或为实施、预备实施犯罪而使用、预定供此使用的物品；以及

（二）属于国家秘密的物品，以及与本法第一百条之 a 所指类型的犯罪有关的物品。

（第二句）在此应适用本法第七十四条之 a 的规定。第一句第二项所指类型的物品，虽然不符合本法第七十四条第三款第一句与第七十四条之 b 规定的条件，但在德意志联邦共和国的外部安全遭受严重不利的危险而有必要时，仍应予以没收；本规定同样适用于行为人行为时无责任的情况。

第三章　针对外国的犯罪

第一百零二条　侵害外国机构及其代表

一、侵害以官方身份停留于德国境内的外国政府的元首、政府成员或派驻德国的外交代表机构的首长的身体或生命的，处五年以下自由刑或罚金。情节特别严重的，处一年以上自由刑。

二、法院根据本章规定，除了对行为人因犯罪行为判处六个月以上自由刑，还可以剥夺其担任公职的资格、经公共选举获得权利的资格与在公共事务中选举与表决的权利（本法第四十五条第二款与第五款）。

第一百零三条　（删除）

第一百零四条　损坏外国的旗帜与主权标志

一、（第一句）移除、损毁、破坏根据法规或公认习惯展示的外国旗帜或已受外国承认的外交代表机构公开设置的主权标志，或使其不能使用或被识别，或对其加以侮辱的，处二年以下自由刑或罚金。（第二句）公开损毁、破坏外国旗帜或对其加以侮辱的，根据前述规定处罚。（第三句）与第二句所指的旗帜相似而易混淆的，应当视为本条所规定的旗帜。

二、本罪的未遂可罚。

第一百零四条之 a　刑事追诉的条件

本章规定的犯罪行为，只有在德意志联邦共和国与当事国存在外交关系，且当事国政府提出请求时，方可追诉。

第四章　妨害宪法机构以及选举与表决的犯罪

第一百零五条　胁迫宪法机构

一、对下列机构：

(一)联邦、州的立法机构或其委员会；

(二)联邦大会或其委员会；或者

(三)联邦政府、联邦或州宪法法院；

非法使用暴力或以暴力相威胁，迫使其不能行使职权或不能以特定方式行使职权的，处一年以上十年以下自由刑。

二、情节较轻的，处六个月以上五年以下自由刑。

第一百零六条　胁迫联邦总统或宪法机构成员

一、对下列人员：

(一)联邦总统；或者

(二)下列机构的成员：

1. 联邦、州立法机构，

2. 联邦大会，或者

3. 联邦政府、联邦或州宪法法院；

非法使用暴力或以严重危害相威胁，迫使其不能行使职权或不能以特定方式行使职权的，处三个月以上五年以下自由刑。

二、本罪的未遂可罚。

三、情节特别严重的，处一年以上十年以下自由刑。

第一百零六条之 a （删除）

第一百零六条之 b 妨碍立法机构活动

一、违反联邦、州立法机构或其议长颁布的维护立法机构建筑物或其所属土地的安全与秩序的一般或个别命令，因此阻碍或妨害立法机构活动的，处一年以下自由刑或罚金。

二、在第一款中属于刑事法规的命令是由联邦立法机构或其议长颁布的情况下，第一款的规定不适用于联邦参、众议院议员，联邦政府成员及其委任的官员；在第一款中属于刑事法规的命令是由州立法机构或其议长颁布的情况下，第一款的规定不适用于州立法机构与州政府成员及其委任的官员。

第一百零七条 妨碍选举

一、以暴力或暴力威胁阻挠、妨害选举或确定选举结果的，处五年以下自由刑或罚金；情节特别严重的，处一年以上自由刑。

二、本罪的未遂可罚。

第一百零七条之 a 选举舞弊

一、无权参加选举或以其他方式导致选举产生不正确结果或篡改选举结果的，处五年以下自由刑或罚金。得到许可协助他人投票，却违反有选举权人的投票决定投票，或未得到选举权人的明确表示的投票决定而投票的，属于无权参加选举的情况。

二、不正确地公布选举结果或使选举结果不正确地公布的，根据前款的规定处罚。

三、本罪的未遂可罚。

第一百零七条之 b 伪造选举资料

一、实施下列行为的：

（一）提供虚假资料而使自己被登记于选举人名单（选举卡片索引）上；

（二）明知他人无权被登记却为其登记；

（三）明知他人有选举权，却阻碍他人作为选举人登记；

（四）无被选举权却让他人将自己列为候选人；

如果没有其他法条对该行为规定更重的刑罚，处六个月以下自由刑或一百八十日额以下罚金。

二、在社会保险初选中提交选举资料视为作为选举人登记于选举人名单。

第一百零七条之 c　侵害投票秘密

违反保护投票秘密的法规，意图为自己或他人刺探某人投票内容的，处二年以下自由刑或罚金。

第一百零八条　胁迫选举人

一、非法使用暴力或以严重危害相威胁，或通过滥用职务或经济上的依赖关系或其他经济压力，强制、阻碍他人参加选举或以特定方式行使选举权的，处五年以下自由刑或罚金，情况特别严重的，处一年以上十年以下自由刑。

二、本罪的未遂可罚。

第一百零八条之 a　欺诈选举人

一、通过欺诈使选举人对其投票内容产生错误认识，或违反选举人意愿投票或使选举人的投票无效的，处二年以下自由刑或罚金。

二、本罪的未遂可罚。

第一百零八条之 b　贿赂选举人

一、以提供、承诺提供、应允提供礼物或其他利益的方式，要求他人不投票或以特定方式投票的，处五年以下自由刑或罚金。

二、以索要、使他人承诺提供、接受礼物或其他利益的方式，承诺不投票或以特定方式投票的，根据前款的规定处罚。

第一百零八条之 c　附随后果

法院除了对行为人因本法第一百零七条、第一百零七条之 a、第一百零八条与第一百零八条之 b 规定的犯罪行为判处六个月以上自由刑，还可以剥夺其由公共选举获得权利的资格与在公共事务中选举与表决的权利（本法第四十五条第二款与第五款）。

第一百零八条之 d　适用范围

本法第一百零七条至第一百零八条之 c 适用于民意代表选举，欧洲议会成员选举，联邦、州或公共区域团体的人民选举与表决，州或公共区域团体的分区选举与表决以及社会保险的初选。提名联署与公投提案联署视为选举与投票。

第一百零八条之 e 当选代表的受贿与行贿

一、联邦或州民意代表机构的成员，为自己或他人索要、使他人承诺给予或接受不正当利益，作为在行使职权的过程中接受委托、指示为或不为特定行为的对待给付的，处一年以上十年以下自由刑，情节较轻的，处六个月以上五年以下自由刑。

二、向联邦或州民意代表机构的成员提供、承诺提供、应允提供不正当利益，作为在行使职权的过程中接受委托、指示为或不为特定行为的对待给付，以此为上述代表或第三人谋取不正当利益的，根据前款的规定处罚。

三、下列机构的成员视为第一款与第二款所指的成员：

（一）公共区域团体的民意代表机构；

（二）在直选或普选中选出的由州或公共区域团体的分区组建的行政部门的委员会；

（三）联邦大会；

（四）欧洲议会；

（五）国际组织的议事性会议；以及

（六）外国的政府机构。

四、如果接受利益的行为符合对该成员法律地位至关重要的法律规定，则不属于接受不正当利益。下列利益不属于不正当利益：

（一）政治上的委任或职务；以及

（二）《政党法》与其他相关法律允许的赠与。

五、法院除了对行为人因犯罪行为判处六个月以上自由刑，还可以剥夺其由公共选举获得权利的资格与在公共事务中选举与表决的权利。

第一百零八条之 f 非法的利益维护

一、（第一句）为自己或他人索要、要求他人承诺给予或接受不正当的财产性利益，以换取自己在任期内实施或不实施某项维护提供利益方或第三方利益的行为的，处三年以下自由刑或罚金。（第二句）第一句的规定仅适用于下列承担公职者，而且只有在这种有偿利益保护行为会明显违反与承担公职者的法律地位有关的规定时才适用：

(一)联邦或州民意代表机构的成员；

(二) 欧洲议会议员；

(三)国际组织中具有议会性质的会议的成员。

二、(第一句)任何人向第一款第二句所指的承担公职者或他人提供、许诺或给予不正当的财产性利益，以换取在其任期内实施或不实施某项维护提供利益方或第三方利益的行为，处三年以下自由刑或罚金。(第二句)第一句的规定仅在这种有偿利益维护行为会明显违反与承担公职者的法律地位有关的规定时才适用。

三、参照适用本法第一百零八条之e第四款与第五款的规定。

第五章　针对国防的犯罪

第一百零九条　以伤残身体方式逃避兵役

一、通过伤残自己身体、在得到他人承诺的前提下伤残他人身体或其他方式,使自己或他人不适合服兵役的,处三个月以上五年以下自由刑。

二、行为人使自己或他人在一定期间内不适合服兵役或不适合服特定兵种的兵役的,处五年以下自由刑或罚金。

三、本罪的未遂可罚。

第一百零九条之 a　以欺诈方式逃避兵役

一、通过欺骗或其他欺诈性手段,使自己或他人永久或在一定期间内逃避兵役,或逃避特定兵种的兵役的,处五年以下自由刑或罚金。

二、本罪的未遂可罚。

第一百零九条之 b 与一百零九条之 c　(删除)

第一百零九条之 d　对联邦国防军的干扰宣传

一、虽然知情但仍然将不实或严重歪曲的指控向公众公开,足以妨害国防军的工作;或明知指控不实仍予以传播,意图阻碍国防军履行任务的,处五年以下自由刑或罚金。

二、本罪的未遂可罚。

第一百零九条之 e　破坏国防设施行为

一、未经授权而损毁、破坏、改变、拆除全部或主要用于国土防卫或保护平民免遭战争威胁的装备、设施、设备,或使其不能使用,由此危及德意志联邦共和国的安全、军队的战斗力或人民生命的,处三个月以上五年以下自由刑。

二、明知上述物品或用于制作上述物品的原材料有瑕疵，仍然制作、提供，且明知由此会导致第一款所指的危险的，根据前款的规定处罚。

三、本罪的未遂可罚。

四、情节特别严重的，处一年以上十年以下自由刑。

五、过失导致第一款所指的危险的，以及不明知第二款所指的危险但故意或过失导致这一危险的，如果没有其他法条对该行为规定更重的刑罚，处五年以下自由刑或罚金。

第一百零九条之 f　危害安全的情报活动

一、为本法空间效力范围之外的机构、政党或其他团体，以及被禁止的团体或其中间人：

（一）搜集国防事务情报；

（二）经营以搜集国防事务情报为目的的情报机构；或者

（三）为上述行为招募人员或提供支持；

且以此致力于危害德意志联邦共和国安全或军队的战斗力的，如果没有其他法条对该行为规定更重的刑罚，处五年以下自由刑或罚金。在通常新闻或广播报道范围内，旨在向公众提供信息的活动不适用。

二、本罪的未遂可罚。

第一百零九条之 g　危害安全的图像制作

一、明知会对德意志联邦共和国的安全、军队的战斗力造成危害，仍制作国防装备、军事设施设备或军事行动的图像或描述，或使他人获得上述图像或描述的，处五年以下自由刑或罚金。

二、明知会对德意志联邦共和国的安全、军队的战斗力造成危害，仍从航空器上对本法空间效力范围内的区域与物品进行拍摄，或使他人获得拍摄的图像或由该摄影产生的图像的，如果该行为不属于第一款规定的应受刑罚处罚的行为，处二年以下自由刑或罚金。

三、本罪的未遂可罚。

四、在第一款情况下使他人获得图像或描述，虽然不明知但因故意或重大过失导致危险的，处二年以下自由刑或罚金。行为人的行为得到主管机构同意的,不予处罚。

第一百零九条之 h 为境外武装力量招募

一、为外国势力的利益招募德国公民在外国军事或准军事机构服兵役,或将德国公民带至上述机构的征兵人员或上述机构处的,处三个月以上五年以下自由刑。

二、本罪的未遂可罚。

第一百零九条之 I 附随后果

针对实施本法第一百零九条之 e 与第一百零九条之 f 规定的犯罪行为之人,法院除了可以对其判处六个月以上自由刑,还可以剥夺其担任公职的资格、由公共选举获得权利的资格与在公共事务中选举与表决的权利(本法第四十五条第二款与第五款)。

第一百零九条之 k 没收

(第一句)对实施本法第一百零九条之 d 至第一百零九条之 g 所规定的犯罪行为的行为人,可以没收:

(一)通过犯罪获得的物品或为实施、预备实施犯罪而使用或预定供此使用的物品;以及

(二)与本法第一百零九条之 g 所指类型的犯罪有关的图像、描述与照片。(第二句)在此应适用本法第七十四条之 a 的规定。(第三句)在为保护国防利益而有必要时,第一句第二项所指类型的物品也应予以没收,而无须符合本法第七十四条第三款第一句与第七十四条之 b 规定的条件;本规定同样适用于行为人行为时无责任的情况。

第六章　反抗国家权力的犯罪

第一百一十条　（删除）

第一百一十一条　公开煽动犯罪

一、公开、在集会中或通过传播的内容（本法第十一条第三款）煽动犯罪的，以教唆犯（本法第二十六条）处罚。

二、煽动没有产生后果的，处五年以下自由刑。刑罚不得比煽动成功的情况所适用的刑罚更重（第一款）；在此应适用本法第四十九条第一款第二项的规定。

第一百一十二条　（删除）

第一百一十三条　反抗执行官员

一、在受委派执行法律、法规、判决、法院裁定或处分的公职人员或国防军士兵执行职务时，对其采取暴力或以暴力相威胁的方式进行反抗的，处三年以下自由刑或罚金。

二、情节特别严重的，处六个月以上五年以下自由刑。情节特别严重原则上是指：

（一）行为人或其他参与人随身携带武器或其他危险器具；

（二）行为人的暴力行为使受攻击人遭受生命危险或严重身体伤害危险；或者

（三）行为是与其他参与人共同实施。

三、职务行为不合法的，不根据本条规定处罚。本规定同样适用于行为人误认为职务行为合法的情况。

四、行为人在实施行为时误认为职务行为不合法，且其能够避免的，法院可以依裁量减轻刑罚（本法第四十九条第二款）或在责任轻微时根据本条规定免除刑罚。行为人不能避免误认，且根据其所知情况不能期待其诉诸合法救济手段以对抗假想的违法职务行为的，该行为根据本条规定不予处罚；可以期待其诉诸合法救济手段的，法院可以依裁量减轻刑罚（本法第四十九条第二款）或根据本条规定免除刑罚。

第一百一十四条　暴力攻击执行官员

一、在受委派执行法律、法规、判决、法院裁定或处分的公职人员或国防军士兵执行职务时，对其进行暴力攻击的，处三个月以上五年以下自由刑。

二、参照适用本法第一百一十三条第二款的规定。

三、如果职务行为属于本法第一百一十三条第一款所指的执行行为，参照适用本法第一百一十三条第三款与第四款的规定。

第一百一十五条　反抗或暴力攻击等同执行官员的人

一、为保护没有公职人员身份，但具有警察的权利与职责或属于检察机构的侦查人员的人，参照适用本法第一百一十三条与第一百一十四条的规定。

二、为保护被召唤支援职务行为的人，参照适用本法第一百一十三条与第一百一十四条的规定。

三、在自然灾害、公共危险或紧急状态时，以暴力或暴力威胁的方式阻碍消防队、救灾组织、急救服务、紧急医疗服务或急救室的救助人员执行公务的，根据本法第一百一十三条的规定处罚。在上述情况下暴力攻击救助人员的，根据本法第一百一十四条的规定处罚。

第一百一十六条至第一百一十九条　（删除）

第一百二十条　私放囚犯

一、私放囚犯，唆使其逃跑或帮助其逃跑的，处三年以下自由刑或罚金。

二、行为人是公职人员或承担阻止囚犯逃跑的特别公职义务的人的，处五年以下自由刑。

三、本罪的未遂可罚。

四、因官方命令被羁押在相关机构的人，视为第一款与第二款所指的囚犯。

第一百二十一条 囚犯暴动

一、行为人聚众闹事，合力实施下列行为的，处三个月以上五年以下自由刑：

（一）胁迫（本法第二百四十条）或暴力攻击机构中的公职人员、其他公职人员或受委托进行监督、照管、调查的人；

（二）暴力越狱；或者

（三）暴力协助聚众者中的某人或其他人越狱。

二、本罪的未遂可罚。

三、暴动情节特别严重的，处六个月以上十年以下自由刑。情节特别严重原则上是指，行为人与其他参与人：

（一）随身携带射击武器；

（二）为了使用或在行为中使用，随身携带其他武器或危险器具；或者

（三）实施的暴力行为使他人遭受生命危险或严重身体伤害的危险。

四、被交付保安监督的人视为第一款至第三款所指的囚犯。

第一百二十二条 （删除）

第七章　针对公共秩序的犯罪

第一百二十三条　非法侵入住宅

一、违法侵入他人的住所、营业场所、不得非法侵入的场所、用于公共服务或交通的封闭空间的，或未得授权而滞留，经权利人要求而不离去的，处一年以下自由刑或罚金。

二、行为受告诉的才能追诉。

第一百二十四条　加重的非法侵入住宅

公开聚众闹事，意图合力实施针对人或物的暴力行为，而违法侵入他人的住所、营业场所、不得非法侵入的场所、用于公共服务的封闭空间的，对每个参与人处二年以下自由刑或罚金。

第一百二十五条　破坏公共安宁

一、作为正犯或共犯聚众以危害公共安全的方式合力实施下列行为，或在促进聚众实施下列行为上起了重要作用的，处三年以下自由刑或罚金：

（一）对人或物的暴力行为；或者

（二）以暴力行为威胁他人。

二、第一款第一项与第二项所指的行为同时依据本法第一百一十三条应受处罚时，参照适用本法第一百一十三条第三款与第四款的规定。如果职务行为属于本法第一百一十三条第一款所指的执行行为，本规定同样适用于本法第一百一十四条的情况。

第一百二十五条之 a　加重的破坏公共安宁

（第一句）实施本法第一百二十五条第一款规定的犯罪，情节特别严重的，

处六个月以上十年以下自由刑。(第二句)情节特别严重原则上是指,行为人:

(一)随身携带射击武器;或者

(二)随身携带其他武器或危险器具;或者

(三)实施的暴力行为使他人遭受生命危险或严重身体伤害的危险;

(四)劫掠他人财物或严重损坏他人财物。

第一百二十六条 以犯罪行为相威胁扰乱公共安宁

一、以足以扰乱公共安宁的方式,威胁实施下列犯罪的,处三年以下自由刑或罚金:

(一)本法第一百二十五条之a第二句第一项至第四项所指的破坏公共安宁犯罪;

(二)本法第一百七十七条第四款至第八款或第一百七十八条规定的针对性自主权的犯罪;

(三)谋杀(本法第二百一十一条)、故意杀人(本法第二百一十二条)、种族灭绝(《国际刑法典》第六条)、反人类罪(《国际刑法典》第六条)、战争罪(《国际刑法典》第八条、第九条、第十条、第十一条或第十二条);

(四)危险性较大的故意伤害(本法第二百二十四条)或严重的故意伤害(本法第二百二十六条);

(五)本法第二百三十二条第三款第二句,第二百三十二条之a第三款、第四款、第五款,第二百三十二条之b第三款、第四款,第二百三十三条之a第三款、第四款规定的针对人身自由的犯罪行为,且每个犯罪行为均涉及本法第二百三十四条至第二百三十四条之b、第二百三十九条之a与第二百三十九条之b规定的重罪;

(六)抢劫罪或抢劫性敲诈勒索罪(本法第二百四十九条至第二百五十一条或第二百五十五条);

(七)本法第三百零六条至第三百零六条之c,第三百零七条第一款至第三款,第三百零八条第一款至第三款,第三百零九条第一款至第四款,第三百一十三条,第三百一十四条,第三百一十五条第三款,第三百一十五条之b第三款,第三百一十六条之a第一款、第三款,第三百一十六条之c第一款、第三款,第

三百一十八条第三款、第四款规定的危害公共安全的重罪;或者

(八)本法第三百零九条第六款、第三百一十一条第一款、第三百一十六条之b第一款、第三百一十七条第一款或第三百一十八条第一款规定的危害公共安全的轻罪。

二、明知为不实,却使他人误信第一款规定的违法行为即将发生,足以扰乱公共安宁的,按照前款的规定处罚。

第一百二十六条之a 以危险方式传播个人数据

一、公开、在集会中或通过传播的内容(本法第十一条第三款)以足以或根据情况可以确定会对当事人及与其有密切关系的人造成下列危险的方式传播他人的个人数据的,处二年以下自由刑或罚金:

(一)针对当事人的重罪;或者

(二)针对当事人的性自主权、身体完整性、人身自由或有重大价值的财物的其他违法行为。

二、上述个人数据不能公开的,处三年以下自由刑或罚金。

三、参照适用本法第八十六条第四款的规定。

第一百二十七条 在互联网上运营犯罪交易平台

一、(第一句)在互联网上运营犯罪交易平台,该平台的目的在于帮助或促成实施违法行为的,如果没有其他法条对该行为规定更重的刑罚,处五年以下自由刑或罚金。(第二句)第一句意义上的违法行为是指:

(一)重罪;

(二)下列条款规定的轻罪:

1. 本法第八十六条,第八十六条之a,第九十一条,第一百三十条,第一百四十七条,第一百四十八条第一款第三项,第一百四十九条,第一百五十二条之a,第一百七十六条之a第二款,第一百七十六条之b第二款,第一百八十条第二款,第一百八十四条之b第一款,第一百八十四条之c第一款,第一百八十四条之l第一款、第三款,第二百零二条之a,第二百零二条之b,第二百零二条之c,第二百零二条之d,第二百三十二条,第二百三十二条之a第一款、第二款、第五款、第六款,第二百三十二条之b第一款、第二款、第四款与第二百三十二

条之a第五款的协同规定，第二百三十三条，第二百三十三条之a，第二百三十六条，第二百五十九条，第二百六十条，符合第二百六十一条第五款第二句规定的条件的第二百六十一条第一款与第二款，第二百六十三条，第二百六十三条之a，第二百六十七条，第二百六十九条，第二百七十五条，第二百七十六条，第三百零三条之a以及第三百零三条之b；

2.《反兴奋剂法》第四条第一款至第三款；

3.《麻醉品法》第二十九条第一款第一句第一项，以及其与同条第六款、同条第二款及第三款的协同规定；

4.《药品原材料监管法》第十九条第一款至第三款；

5.《新精神活性物质法》第四条第一款与第二款；

6.《药品法》第九十五条第一款至第三款；

7.《武器法》第五十二条第一款第一项、第二项字母b与字母c，第二款，第三款第一项、第七项，第五款以及第六款；

8.《爆炸物法》第四十条第一款至第三款；

9.《原材料法》第十三条；

10.《文化财产保护法》第八十三条第一款第四项、第五项以及第四款；

11.《市场法》第一百四十三条、第一百四十三条之a与第一百四十四条；以及

12.《设计法》第五十一条与第六十五条。

二、本条意义上的互联网交易平台，是指在互联网领域可自由访问与通过技术措施限制访问的任何虚拟基础设施，这些虚拟基础设施提供了出售或交换人员、商品、服务或内容（本法第十一条第三款）的机会。

三、在第一款规定的情况下，作为常业犯或作为以持续实施此类行为为目的的团伙的成员实施犯罪行为的，处六个月以上十年以下自由刑。

四、在实施第一款规定的犯罪时，蓄意或明知互联网交易平台有帮助或促成重罪的目的的，处一年以上十年以下自由刑。

第一百二十八条 成立武装团体

未经授权组织或指挥拥有武器或其他危险器具的团体，或参加此类团体，

并为其提供武器、资金或其他支持的，处二年以下自由刑或罚金。

第一百二十九条　成立犯罪组织

一、(第一句)成立或作为成员参加犯罪组织，且该组织的目的在于实施最低应判处二年以上自由刑的犯罪行为的，处五年以下自由刑或罚金。(第二句)为犯罪组织提供支持或为其招募成员、支持者的，处三年以下自由刑或罚金。

二、犯罪组织是指两人以上为追求更大的共同利益而组成的长时间存续的联合体，其不受成员角色的定义、成员资格的连续性和结构类型的影响。

三、下列情况下不适用第一款的规定：

(一)该组织为没有被联邦宪法法院宣告为违宪的政党；

(二)实施犯罪行为仅为该组织的目标之一或为该组织的一项不重要的活动；或者

(三)该组织的目的与活动涉及本法第八十四条至第八十七条规定的犯罪。

四、建立第一款第一句与第二款规定的组织的未遂可罚。

五、在第一款第一句情况下情节特别严重的，处六个月以上五年以下自由刑。情节特别严重原则上是指，行为人属于组织的领导者或幕后操纵者。在第一款第一句情况下，如果组织的目的与活动是实施《刑事诉讼法》第一百条之b第二款第一项字母a、字母b、字母d至字母f与字母h至字母o，第二项至第八项与第十项规定的犯罪，处六个月以上十年以下自由刑，但实施本法第二百三十九条之a与第二百三十九条之b规定的犯罪，同时符合《刑事诉讼法》第一百条之b第二款第一项字母h规定的行为除外。

六、参与人责任轻微或在共同犯罪中起次要作用的，法院可以根据第一款与第四款的规定免除刑罚。

七、法院可以依其裁量减轻刑罚(本法第四十九条第二款)或根据本规定免除刑罚，如果行为人：

(一)自愿并真挚地作出努力，阻止组织存续或阻止与其目的相符的犯罪行为实施；或者

(二)自愿并及时向主管机构报告其所知悉的情况，能够及时阻止其所知的犯罪行为与犯罪计划。

行为人实现了阻止组织存续的目标，或没有其努力该目标也实现了的，不予处罚。

第一百二十九条之 a　成立恐怖组织

一、成立或作为成员参加旨在实施下列犯罪行为的团体（本法第一百二十九条第二款）的，处一年以上十年以下自由刑：

（一）谋杀（本法第二百一十一条）、故意杀人（本法第二百一十二条）、种族灭绝（《国际刑法典》第六条）、反人类罪（《国际刑法典》第七条）、战争罪（《国际刑法典》第八条、第九条、第十条、第十一条或第十二条）；

（二）本法第二百三十九条之 a 与第二百三十九条之 b 规定的针对人身自由的犯罪行为；或者

（三）（删除）

二、成立或作为成员参加旨在实施下列犯罪行为的团体，且可以确定第一项至第五项所规定之行为属于以显著方式恐吓居民，或以违法的暴力或暴力威胁胁迫政府机构或国际组织，或颠覆或严重损害某个国家或国际组织的政治、宪法、经济或社会基础结构，且通过其行为类型与影响足以对某个国家或国际组织造成严重危害的犯罪行为的，根据前款的规定处罚：

（一）使他人遭受身体或心理的严重损害，特别是本法第二百二十六条规定的情形；

（二）本法第三百零三条之 b、第三百零五条、第三百零五条之 a 规定的犯罪行为，或第三百零六条至第三百零六条之 c，第三百零七条第一款至第三款，第三百零八条第一款至第四款，第三百零九条第一款至第五款，第三百一十三条，第三百一十四条，第三百一十五条第一款、第三款、第四款，第三百一十六条之 b 第一款、第三款，第三百一十六条之 c 第一款至第三款，第三百一十七条第一款规定的危害公共安全犯罪行为；

（三）本法第三百三十条之 a 第一款至第三款规定的污染环境犯罪行为；

（四）本法第十九条第一款至第三款，第二十条第一款、第二款，第二十条之 a 第一款至第三款，第十九条第二款第二项、第三款第二项，第二十条第一款、第二款，第二十条之 a 第一款至第三款，以及上述各条与第二十一条协同规

定的,或《军事武器管制法》第二十二条之 a 第一款至第三款规定的犯罪行为*;或者

(五)《武器法》第五十一条第一款至第三款规定的犯罪行为。

三、如果团体的目的或活动旨在威胁实施第一款和第二款规定的罪行之一的,处六个月至五年自由刑。

四、行为人属于领导者或幕后操纵者的,在第一款与第二款情况下处三年以上自由刑,在第三款情况下处一年以上十年以下自由刑。

五、(第一句)支持第一款、第二款或第三款所指的团体的,在第一款与第二款规定的情况下处六个月以上十年以下自由刑,在第三款规定的情况下处五年以下自由刑或罚金。(第二句)为第一款或第二款所指的团体招募成员或支持者的,处六个月以上五年以下自由刑。

六、在第一款、第二款、第三款与第五款情况下,参与人责任较轻或在共同犯罪中起次要作用的,法院可以依裁量减轻刑罚(本法第四十九条第二款)。

七、参照适用本法第一百二十九条第七款的规定。

八、法院除了对行为人判处六个月以上自由刑,还可以剥夺其担任公职的资格及经公共选举获得权利的资格(本法第四十五条第二款)。

九、在第一款、第二款、第四款与第五款情况下,法院可以命令交付行为监督(本法第六十八条第一款)。

第一百二十九条之 b 外国的犯罪与恐怖组织;没收

一、(第一句)本法第一百二十九条与第一百二十九条之 a 的规定也适用于外国的犯罪与恐怖组织。(第二句)行为与欧盟之外的团体有关的,只有当其在本法空间效力范围内实施犯罪活动,或行为人、被害人是德国公民或位于德国境内时,方可适用上述规定。(第三句)在第二句所规定的情形下,只有得到联邦司法与消费者保护部的授权,行为方可追诉。(第四句)授权既可以是个案性的,也可以是概括性的针对未来与特定组织相关联的行为。(第五句)

* 本项出现了两次"第二十条第一款、第二款,第二十条之 a 第一款至第三款",原文如此。——译者注

联邦司法与消费者保护部在决定授权时应考虑此类组织的活动目的是否有悖于尊重人格尊严之国家秩序的基本价值观或妨害各国人民的和平共处，以及在权衡所有情况后方才能够确定组织活动是否具有可谴责性。

二、在本法第一百二十九条与第一百二十九条之a情况下，以及各条与第一款协同规定的情况下，适用本法第七十四条之a的规定。

第一百三十条　煽动民众

一、以足以扰乱公共安宁的方式，实施下列行为的，处三个月以上五年以下自由刑：

（一）煽动对民族、种族、宗教或族裔群体，或群体中的部分居民或属于上述群体或部分居民群体的个人的仇恨或呼吁对他们采取暴力或肆意措施；或者

（二）对上述群体、群体中的部分居民或属于上述群体或部分居民群体的个人进行辱骂、恶意诋毁或诽谤，侵犯其人格尊严。

二、实施下列行为的，处三年以下自由刑或罚金：

（一）传播或向公众提供下列内容（本法第十一条第三款），或向未满十八周岁的人给予、转让和提供下列内容（本法第十一条第三款）：

1. 煽动对第一款第一项所指的群体、部分居民或个人的仇恨；

2. 煽动对第一目所指的个人或多数人采取暴力或肆意措施；或者

3. 对第一目所指的个人或多数人进行辱骂、恶意诋毁或诽谤，侵犯其人格尊严。

（二）制作、购进、交付、存储、提供、宣传、着手进行输入或输出第一项第一目至第二目所指的内容（本法第十一条第三款），以为自己在第一项意义上使用或让他人得以使用上述内容。

三、以足以扰乱公众安宁的方式，对纳粹统治时期所犯的《国际刑法典》第六条第一款规定的罪行，公开或在集会中赞同、否认或淡化的，处五年以下自由刑或罚金。

四、以侮辱被害人尊严的方式，公开或在集会中赞同、否认或淡化纳粹的暴力或肆意统治，足以扰乱公众安宁的，处三年以下自由刑或罚金。

五、公开或在集会中赞同、否认或淡化《国际刑法典》第六条至第十二条规

定的针对第一款第一项所指多数人或属于这一多数人群体的个人的犯罪行为,足以煽动对该个人或多数人的仇恨或暴力,且扰乱公众安宁的,处三年以下自由刑或罚金。

六、第二款的规定同样适用于第三款至第五款所指的内容(本法第十一条第三款)。

七、在第二款第一项情况下,以及其与第六款协同规定的情况下,未遂可罚。

八、在第二款情况下,以及其与第六款与第七款协同规定的情况下,并且在第三款至第五款情况下,参照适用本法第八十六条第四款的规定。

第一百三十条之 a　指导实施犯罪行为

一、传播或向公众提供足以指导实施本法第一百二十六条第一款所指的违法行为的内容(本法第十一条第三款),并意图促进或唤起他人实施上述行为的决心的,处三年以下自由刑或罚金。

二、为促进或唤起他人实施违法行为的决心而实施下列行为的,根据前款的规定处罚:

(一)传播或向公众提供足以指导实施本法第一百二十六条第一款所指的违法行为的内容(本法第十一条第三款);或者

(二)公开或在集会中对实施上述违法行为给予指导。

三、参照适用本法第八十六条第四款的规定。

第一百三十一条　展示暴力

一、实施下列行为的,处一年以下自由刑或罚金:

(一)将以赞美或淡化暴力行为的方式描述针对人类或类人类生物的残酷与非人道暴力行为的内容,或以损害人格尊严的方式展示残酷与非人道过程的内容(本法第十一条第三款):

1. 向他人传播或向公众提供;

2. 向十八周岁以下的人提供、转让或使其获得上述内容;或者

(二)制作、购进、交付、存储、提供、宣传、着手进行输入或输出第一项所指的内容(本法第十一条第三款),以供自己在第一项意义上使用或让他人得以

使用上述内容。

在第一项情况下的未遂可罚。

二、第一款的规定不适用于对时事或历史进行新闻报道的情况。

三、第一款第一项第二目的规定不适用于有照管权的人所为的行为；但照管权人提供、转让或使获得内容的行为严重违反其教育义务的情况除外。

第一百三十二条　冒名行使公职

未经授权行使公职，或实施只能通过公职实施的行为，处二年以下自由刑或罚金。

第一百三十二条之 a　滥用职衔、职务标志或徽章

一、未经授权实施下列行为的，处一年以下自由刑或罚金：

（一）使用本国或外国的公职或职务标志、学位、职衔或公共荣誉；

（二）使用医生、牙医、精神心理治疗师、儿童与青少年心理治疗师、心理治疗师、兽医、药剂师、律师、专利律师、公共会计师、宣誓审计员、税务顾问或税务代理人的职务标志；

（三）使用官方鉴定人的标志；或者

（四）穿戴本国或外国制服、官方服饰、职务徽章。

二、与第一款所指的标志、学位、职衔、荣誉、制服、官方服饰或职务徽章相似而易混淆的，视为第一款所指的内容。

三、第一款与第二款的规定同样适用于教会或其他公法上的宗教团体的职务标志、职衔、荣誉、官方服饰与职务徽章。

四、涉及第一款第四项单独或其与第二款或第三款协同规定的犯罪物品，应予没收。

第一百三十三条　侵犯保管之物

一、损毁、破坏处于职务保管下的或因职务交付于自己或他人保管的文书或其他动产，或使其不能使用或脱离职务支配的，处二年以下自由刑或罚金。

二、教会或其他公法上的宗教团体因职务而保管的或交付于行为人或他人保管的文书或其他动产，适用前款的规定。

三、公职人员或对公职承担特别义务的人，对委托或提供给其的物品实施上述行为的，处五年以下自由刑或罚金。

第一百三十四条　损坏官方公告

明知是用于公开张贴或陈列官方公告的文书，而对其损毁、移除、污损、使其不能被识别或歪曲其原意的，处一年以下自由刑或罚金。

第一百三十五条　（删除）

第一百三十六条　损坏扣押物、损坏封印

一、损毁、破坏处于留置权下或因公务而扣押的物，或使其不能使用，或以其他方式使该物全部或部分脱离扣押状态的，处一年以下自由刑或罚金。

二、损毁、揭下用于扣押、官方封存或标记物品的公务封印，或使其不能识别，或使封印所造成的扣押状态全部或部分失效的，根据前款的规定处罚。

三、当留置、扣押或查封没有通过合法的职务行为执行时，对实施第一款与第二款规定的行为不予处罚。本规定同样适用于行为人误认职务行为合法的情况。

第一百三十七条　（删除）

第一百三十八条　对犯罪计划知情不举

一、在犯罪实施时或犯罪造成的结果尚能被阻止时，知道下列犯罪的计划或犯罪正在发生，却不及时向主管机构与受威胁者告发的，处五年以下自由刑或罚金：

（一）（删除）

（二）本法第八十一条至第八十三条第一款规定的叛乱罪；

（三）本法第九十四条至第九十六条、第九十七条之 a 或第一百条规定的叛国罪或危害国家外部安全罪；

（四）本法第一百四十六条、第一百五十一条、第一百五十二条规定的伪造货币或有价证券罪或第一百五十二条之 b 第一款至第三款规定的伪造具有担保功能的支付卡罪；

（五）谋杀罪（本法第二百一十一条）、故意杀人罪（本法第二百一十二条）、种族灭绝罪（《国际刑法典》第六条）、反人类罪（《国际刑法典》第七条）、战争罪（《国际刑法典》第八条、第九条、第十条、第十一条或第十二条）、侵略罪

(《国际刑法典》第十三条)；

(六)本法第二百三十二条第三款第二句,第二百三十二条之a第三款、第四款、第五款,第二百三十二条之b第三款、第四款,第二百三十三条之a第三款、第四款规定的针对人身自由的犯罪,且每个犯罪行为均涉及第二百三十四条至第二百三十四条之b、第二百三十九条之a与第二百三十九条之b规定的重罪;

(七)抢劫罪或抢劫性敲诈勒索罪(本法第二百四十九条至第二百五十一条或第二百五十五条);或者

(八)本法第三百零六条至第三百零六条之c、第三百零七条第一款至第三款、第三百零八条第一款至第四款、第三百零九条第一款至第五款、第三百一十条、第三百一十三条、第三百一十四条、第三百一十五条第三款、第三百一十五条之b第三款、第三百一十六条之a或第三百一十六条之c规定的危害公共安全的重罪。

二、在犯罪的实施尚能被阻止时知道下列犯罪的计划或犯罪正在发生,却不及时向主管机构告发的,根据前款的规定处罚。在第二项情况下,参照适用本法第一百二十九条之b第一款第三句至第五句的规定:

(一)本法第八十九条之a规定的犯罪;或者

(二)本法第一百二十九条之a单独规定的以及其与第一百二十九条之b第一款协同规定的犯罪。

三、知道犯罪行为的计划或犯罪行为正在发生,但因为重大过失未告发的,处一年以下自由刑或罚金。

第一百三十九条　不可罚的知情不举

一、本法第一百三十八条规定的犯罪未遂时,可以免除刑罚。

二、神职人员无义务告发因其牧师身份而被透露的事项。

三、(第一句)应告发亲属却未告发,但告发义务人作出真挚的努力阻止犯罪行为或结果发生的,除下列情况外,不予处罚:

(一)谋杀或故意杀人(本法第二百一十一条或第二百一十二条);

(二)《国际刑法典》第六条第一款第一项规定的种族灭绝罪、《国际刑法

典》第七条第一款第一项规定的反人类罪或《国际刑法典》第八条第一款第一项规定的战争罪;或者

（三）通过恐怖组织（本法第一百二十九条之 a 单独规定的以及其与第一百二十九条之 b 第一款协同规定）实施的绑架勒索（本法第二百三十九条之 a 第一款）、绑架人质（本法第二百三十九条之 b 第一款）或危害航空器与海上交通安全（本法第三百一十六条之 c 第一款）。

（第二句）律师、辩护人、医生、精神心理治疗师、儿童与青少年心理治疗师无义务告发其因职业身份而被透露的事项。（第三句）第二句所指人员的职业助手以及准备从事上述职业的人，对于其因职业身份而获悉的事项同样无告发义务。

四、以告发以外的方式阻止犯罪的实施或结果的发生的，不予处罚。犯罪未实施或结果未发生虽然不是因为负有义务告发犯罪者的告发，但如果其为此作出真挚的努力，仍不予处罚。

第一百四十条　酬谢与赞同犯罪行为

对本法第一百三十八条第一款第二项至第四项、第五项最后一种情况，以及第一百二十六条第一款、第一百七十六条第一款、第一百七十六条之 c 或第一百七十六条之 d 规定的违法行为实施下列行为的，处三年以下自由刑或罚金：

（一）在其实施犯罪后或其可罚的未遂犯罪实施后进行酬谢;或者

（二）以足以扰乱公众安宁的方式，公开、在集会中或通过传播内容（本法第十一条第三款）对犯罪行为表示赞同。

第一百四十一条　（删除）

第一百四十二条　未经许可离开事故现场

一、道路交通事故的参与人在采取下列措施前离开事故现场的，处三年以下自由刑或罚金：

（一）为事故其他参与人或受损害人的利益，通过其在场或对其参与的事故的说明，使其身份、交通工具及其参与事故的方式得以确认;或者

（二）根据其自行陈述已等待相当长时间，但无人为其作事故的情况确认。

二、事故参与人：

（一）在等待时间（第一款第二项）结束后；或者

（二）有正当理由或免责理由；

离开事故现场，但未在事后立即使事故的情况确认成为可能的，根据第一款的规定处罚。

三、事故参与人向有权确认之人（第一款第一项）或附近的警务部门告知其参与了事故，报告其地址、居所、交通工具的牌照与停放处，且这样做能在可以合理期待的时间内实现立即确认的，即视为履行了事后的确认义务。事故参与人有目的地通过其行为阻碍确认的，不适用上述规定。

四、在第一款与第二款情况下，法院可以减轻刑罚（本法第四十九条第一款），在事故参与人于事故发生二十四小时内使事后确认成为可能（第三款），且事故未发生在交通繁忙地带，以及造成的财产损害轻微时，法院可以免除刑罚。

五、事故参与人是指根据实际情况对事故发生起作用的人。

第一百四十三条　（删除）

第一百四十四条　（删除）

第一百四十五条　滥用紧急号码；损坏防灾与急救器械

一、蓄意或明知地实施下列行为的，处一年以下自由刑或罚金：

（一）滥用紧急号码与紧急标志；或者

（二）假装因意外事故、公共危险或紧急情况而需要救援。

二、蓄意或明知地实施下列行为的，如果该行为不属于本法第三百零三条或第三百零四条规定的应受刑罚处罚的行为，处二年以下自由刑或罚金：

（一）移除用于防范意外事故或公共危险的警告或禁止标志，或使其不能识别或歪曲其原意；或者

（二）移除、改装用于防范意外事故或公共危险的防护装置或用于在发生意外事故或公共危险时提供救助的救援设备或其他物品，或使其不能使用。

第一百四十五条之 a　行为监督期间违反指令

（第一句）在行为监督期间违反本法第六十八条之 b 第一款规定的指令，

危及处分目的实现的，处三年以下自由刑或罚金。(第二句)行为只有受监督机构的告诉(本法第六十八条之 a)方可追诉。

第一百四十五条之 b (删除)

第一百四十五条之 c 违反职业禁止

虽然刑事法院已禁止当事人、他人从事特定职业、职业部门内业务、营业或营业部门内业务，但当事人仍自己从事、让他人从事或让他人为自己从事相关职业或业务的，处一年以下自由刑或罚金。

第一百四十五条之 d 谎报犯罪行为

一、向主管机构或其他有权接收告发的机构谎报明知为虚假的下列行为的，如果该行为不属于本法第一百六十四条、第二百五十八条或第二百五十八条之 a 规定的应受刑罚处罚的行为，处三年以下自由刑或罚金：

(一)有人实施违法行为；或者

(二)有人即将实施本法第一百二十六条第一款规定的违法行为。

二、明知不实却仍向第一款中的机构谎报下列行为的，根据前款的规定处罚：

(一)有人参与违法行为；或者

(二)有人参与即将实施的本法第一百二十六条第一款规定的违法行为。

三、为了根据本法第四十六条之 b、《麻醉品法》第三十一条或《反兴奋剂法》第四条之 a、《大麻消费法》第三十五条或《医用大麻法》第二十六条的规定获取刑罚减轻或免除，实施下列行为的，处三个月以上五年以下自由刑：

(一)实施第一款第一项或第二款第一项规定的犯罪；或者

(二)明知不实却仍向第一款中的机构谎报有人即将实施本法第四十六条之 b 第一款第二项、《麻醉品法》第三十一条第一句第二项或《反兴奋剂法》第四条之 a 第一句第二项、《大麻消费法》第三十五条第一句第二项或《医用大麻法》第二十六条第一句第二项规定的违法行为；或者

(三)明知不实却仍企图向第一款中的机构谎报某人将参与实施第二项规定的违法行为。

四、在第三款情况下，情节较轻的，处三年以下自由刑或罚金。

第八章　伪造货币和有价票证的犯罪

第一百四十六条　伪造货币

一、实施下列行为的，处一年以上自由刑：

（一）以将伪币冒充真币投入流通领域，或以使伪币得以流通为目的仿造货币，或以篡改更高票面金额为目的变造货币；

（二）为上述目的，为自己获取或出售假币；或者

（三）伪造、变造或使自己获取符合第一项或第二项规定的条件的假币，且将其冒充真币投入流通。

二、行为人常业性犯本罪或作为以持续实施伪造货币行为为目的的团伙的成员实施犯罪行为的，处二年以上自由刑。

三、在第一款情况下，情节较轻的，处三个月以上五年以下自由刑；在第二款情况下，情节较轻的，处一年以上十年以下自由刑。

第一百四十七条　将假币投入流通

一、除第一百四十六条规定的情况外，将假币作为真币投入流通的，处五年以下自由刑或罚金。

二、本罪的未遂可罚。

第一百四十八条　伪造有价票证

一、实施下列行为的，处五年以下自由刑或罚金：

（一）伪造有价证券作为真实的官方有价票证使用或为这种使用、流通提供便利或使其得以使用、流通，或以篡改更高票面金额为目的而变造官方有价票证；

(二)为上述目的获取假的官方有价票证;或者

(三)将假的有价证券冒充真的官方有价票证使用、出售或投入流通。

二、将已使用的官方有价票证上的作废标志移除,冒充有效的有价票证使用或投入流通的,处一年以下自由刑或罚金。

三、本罪的未遂可罚。

第一百四十九条　预备伪造货币与有价票证

一、为预备伪造货币与有价票证,制造、为自己或他人获取、出售、保存或向他人转让下列物品的:

(一)印版、模具、印刷模组、印刷模板、负片、字模、计算机程序或其他根据其性质适合被用于实施犯罪的类似设备;

(二)与用于制造货币或其他官方有价票证且采取了特别防伪措施的纸张相同或易混淆的纸张;或者

(三)用于防止伪造的全息图或其他组成部分。

如果是预备伪造货币,处五年以下自由刑或罚金,其他情况处二年以下自由刑或罚金。

二、自愿为下列行为的,不根据第一款的规定处罚:

(一)放弃实施预备行为且防止由其造成的他人继续实施预备行为或犯罪行为的危险的发生,或自愿阻止犯罪既遂;以及

(二)销毁现存的可用于伪造的工具或使其不能使用,或向主管机构告发其存在或将其移交给主管机构。

三、防止其他行为人继续实施预备行为、犯罪行为的危险的发生或阻止犯罪既遂虽然不是因为行为人的协助,但行为人为实现这一目的自愿并真挚地作出努力的,即视为已符合第二款第一项规定的条件。

第一百五十条　没收

实施本章规定的犯罪行为的,对伪造的货币、伪造的或已作废的有价票证以及第一百四十九条所指的其他伪造工具予以没收。

第一百五十一条　伪造有价证券

在印刷过程中与纸张类型选取上采取了特别的防伪措施的下列有价证券,

视为本法第一百四十六条、第一百四十七条、第一百四十九条和第一百五十条所指的货币：

（一）在票面上承诺支付一定数额金钱的不记名债券或作为总发行一部分的记名债券；

（二）股票；

（三）投资管理公司发行的出资证明；

（四）股息分配证明、分红证明与第一项至第三项所指有价证券的新股分配证明以及此类有价证券的分配证书；

（五）旅行支票。

第一百五十二条　伪造外国通货领域的货币、有价票证与有价证券

本法第一百四十六条至第一百五十一条的规定同样适用于外国通货领域流通的货币、有价票证与有价证券。

第一百五十二条之 a　伪造支付卡、支票、汇票与其他实体非现金支付工具

一、为在法律交往中实施欺诈或为欺诈创造条件而实施下列行为的，处五年以下自由刑或罚金：

（一）仿造、变造本国或外国的支付卡、支票、汇票与其他实体非现金支付工具；或者

（二）为自己或他人获取、出售、向他人转让或使用上述支付卡、支票、汇票与其他实体非现金支付工具。

二、本罪的未遂可罚。

三、行为人常业性犯本罪或作为以持续实施第一款规定的犯罪行为为目的的团伙的成员实施犯罪行为的，处六个月以上十年以下自由刑。

四、第一款意义上的支付卡与其他实体非现金支付工具，仅指在设计或编码上采取了特别防伪措施的卡证。

五、涉及伪造有价票证的，适用本法第一百四十九条的规定，并参照适用本法第一百五十条的规定。

第一百五十二条之 b　伪造具有担保功能的支付卡

一、实施本法第一百五十二条之 a 第一款规定的犯罪行为，且行为对象为

具有担保功能的支付卡的,处一年以上十年以下自由刑。

二、行为人常业性犯本罪或作为以持续实施第一款规定的犯罪行为为目的的团伙的成员实施犯罪行为的,处二年以上自由刑。

三、在第一款情况下,情节较轻的,处三个月以上五年以下自由刑;在第二款情况下,情节较轻的,处一年以上十年以下自由刑。

四、第一款意义上的具有担保功能的支付卡,是指具有下列特征的信用卡或其他卡证:

(一)能够使发行人在支付往来中作出有担保的支付;以及

(二)在设计或编码上采取了特别防伪措施。

五、涉及伪造有价票证的,适用本法第一百四十九条的规定,并参照适用本法第一百五十条的规定。

第一百五十二条之 c　预备盗窃或侵占支付卡、支票、汇票与其他实体非现金支付工具

一、意图获取本国或外国的支付卡、支票、汇票与其他实体非现金支付工具,以下列方式预备实施本法第二百四十二条与第二百四十六条所规定的犯罪的,处二年以下自由刑或罚金:

(一)为实施上述犯罪,制造、为自己或他人获取、向他人转让计算机程序或其他设备;或者

(二)制造、为自己或他人获取、向他人转让足以用于实施上述犯罪的口令或安全密码。

二、参照适用本法第一百四十九条第二款与第三款的规定。此处应适用本法第一百五十二条之 a 第四款。

第九章　未经宣誓的与经宣誓的伪证犯罪

第一百五十三条　未经宣誓的虚伪证言

以证人或鉴定人的身份，在法庭或接受宣誓的主管机构前，未经宣誓而作虚伪证言的，处三个月以上五年以下自由刑。

第一百五十四条　经宣誓的虚伪证言

一、在法庭或接受宣誓的主管机构前，经宣誓而作虚伪证言的，处一年以上自由刑。

二、情节较轻的，处六个月以上五年以下自由刑。

第一百五十五条　视同宣誓的确认

视同宣誓的证言包括：

(一)代替宣誓的确认；

(二)援用以前的宣誓或确认。

第一百五十六条　以虚伪保证代替宣誓

在法庭或接受以保证代替宣誓的主管机构前，作虚伪保证或援用虚伪保证而作虚伪证言的，处三年以下自由刑或罚金。

第一百五十七条　紧急避险性质的虚伪证言

一、证人或鉴定人有责地作了经宣誓或未经宣誓的虚伪证言，如果是为了避免其亲属或本人受刑罚或剥夺自由的矫正与保安处分，法院可以依裁量减轻刑罚(本法第四十九条第二款)，对未经宣誓的证言，可以完全免除刑罚。

二、未达宣誓年龄的人作未经宣誓的虚伪证言的，法院可以依裁量减轻刑罚(本法第四十九条第二款)或完全免除刑罚。

第一百五十八条　对虚伪陈述的更正

一、在作经宣誓与未经宣誓的虚伪证言、以虚伪保证代替宣誓中,行为人及时更正虚伪陈述的,法院可以依裁量减轻刑罚(本法第四十九条第二款)或免除刑罚。

二、在更正虚伪陈述不能再对裁判造成影响,或虚伪证言行为已经对他人造成不利,或行为人已被告发或侦查时,更正为不及时。

三、更正可以向接受虚伪陈述的机构、在程序中审查的机构、法院、检察官或警方提出。

第一百五十九条　教唆虚伪证言的未遂

教唆他人作出未经宣誓的虚伪证言(本法第一百五十三条)与以虚伪保证代替宣誓(本法第一百五十六条)未遂的,参照适用本法第三十条第一款与第三十一条第一款第一项与第二款的规定。

第一百六十条　诱导虚伪证言

一、诱导他人作虚伪宣誓的,处二年以下自由刑或罚金;诱导他人作虚伪保证代替宣誓或作未经宣誓的虚伪证言的,处六个月以下自由刑或一百八十日额以下罚金。

二、本罪的未遂可罚。

第一百六十一条　过失的虚伪证言;过失的以虚伪保证代替宣誓

一、过失实施本法第一百五十四条至第一百五十六条规定的犯罪行为的,处一年以下自由刑或罚金。

二、行为人及时更正虚伪陈述的,不予处罚。参照适用本法第一百五十八条第二款与第三款的规定。

第一百六十二条　国际法院;国家调查委员会

一、本法第一百五十三条至第一百六十一条的规定适用于依据对德意志联邦共和国有约束力的法律行为建立的国际法院。

二、本法第一百五十三条与第一百五十七条至第一百六十条中关于未经宣誓的虚伪证言的规定,适用于在联邦或州立法机构的调查委员会面前所作的虚伪陈述。

第一百六十三条　(删除)

第十章　诬告类犯罪

第一百六十四条　诬告

一、虽然知情非事实，但为了使他人遭受或继续遭受官方程序调查或其他官方措施，而向主管机构、有权接受告发的公职人员、军事上级监督者告发或公开告发他人有违法行为或违反义务行为的，处五年以下自由刑或罚金。

二、虽然知情非事实，但以同样意图向第一款所指机构提出或公开提出其他类型的指控，该指控足以使他人遭受或继续遭受官方程序调查或其他官方措施的，根据前款的规定处罚。

三、为了根据本法第四十六条之b、《麻醉品法》第三十一条或《反兴奋剂法》第四条之a、《大麻消费法》第三十五条或《医用大麻法》第二十六条的规定获取刑罚减轻或免除而实施诬告行为的，处六个月以上十年以下自由刑。情节较轻的，处三个月以上五年以下自由刑。

第一百六十五条　公布判决

一、通过公开或传播内容（本法第十一条第三款）实施本法第一百六十四条规定的犯罪并因此被判处刑罚的，可以根据被害人的申请命令公布因诬告而作出的判决。被害人死亡的，申请权属于本法第七十七条第二款所指的亲属。参照适用本法第七十七条第二款至第四款的规定。

二、公布的方式参照适用本法第二百条第二款的规定。

第十一章　涉及宗教与意识形态的犯罪

第一百六十六条　侮辱教会、宗教团体与意识形态团体

一、以足以扰乱公共安宁的方式，公开或通过传播内容（本法第十一条第三款）侮辱他人的宗教或意识形态信仰内容的，处三年以下自由刑或罚金。

二、以足以扰乱公共安宁的方式，公开或通过传播内容（本法第十一条第三款）侮辱德国境内的教会、宗教或意识形态团体，或其机构与习俗的，根据前款的规定处罚。

第一百六十七条　扰乱宗教活动

一、实施下列行为的，处三年以下自由刑或罚金：

（一）蓄意严重扰乱德国境内的教会、宗教团体的礼拜或其他礼拜行为；或者

（二）在用于其他宗教团体进行礼拜的场所实施侮辱行为。

二、德国境内的意识形态团体的仪式视为礼拜。

第一百六十七条之 a　扰乱葬礼

蓄意或故意扰乱葬礼的，处三年以下自由刑或罚金。

第一百六十八条　扰乱死者安宁

一、擅自取走权利人保管的死者尸体或尸体的一部分、死胎或死胎的一部分、死者的骨灰，或侮辱死者尸体的，处三年以下自由刑或罚金。

二、损毁或破坏安放遗体场所、葬礼场所、纪念死者的公共场所或在该场所实施侮辱行为的，根据前款的规定处罚。

三、本罪的未遂可罚。

第十二章　针对身份关系、婚姻与家庭的犯罪

第一百六十九条　伪造身份关系

一、对负责登记身份关系或确认身份关系的主管机构宣称儿童属于他人，或对他人的身份关系进行虚假陈述或隐瞒的，处二年以下自由刑或罚金。

二、本罪的未遂可罚。

第一百七十条　违反赡养义务

一、不履行法定扶养义务，从而使有权受扶养人的生活基本需求直接遭受威胁，或在没有他人帮助的情况下将会遭受威胁的，处三年以下自由刑或罚金。

二、对孕妇有扶养义务的人以可谴责的方式扣留扶养费用，导致该孕妇流产的，处五年以下自由刑或罚金。

第一百七十一条　违反照料与教养义务

严重违反对不满十六周岁的人的照料与教养义务，导致该受照料与教养的人在身心发展上遭受严重伤害，因此有走向犯罪道路或从事卖淫风险的，处三年以下自由刑或罚金。

第一百七十二条　重婚与双重生活伴侣

一、已婚或已有生活伴侣的人实施下列行为的，处三年以下自由刑或罚金：

（一）与第三人结婚；或者

（二）根据《生活伴侣法》第一条第一款向负责建立生活伴侣关系的主管机构表示，想要与第三人建立生活伴侣关系。

二、与已婚或已建立生活伴侣关系的第三人结婚，或根据《生活伴侣法》第一条第一款向负责建立生活伴侣关系的主管机构表示，想要与该第三人建立生

活伴侣关系的,根据前款的规定处罚。

第一百七十三条　血亲间性交罪

一、与直系血亲卑亲属发生性关系的,处三年以下自由刑或罚金。

二、与直系血亲尊亲属发生性关系的,处二年以下自由刑或罚金;本规定同样适用于亲属关系消灭的情况。具有血缘关系的兄弟姐妹之间发生性关系的,根据本款的规定处罚。

三、行为时未满十八周岁的直系血亲卑亲属与兄弟姐妹,不根据本规定处罚。

第十三章　针对性自主权的犯罪

第一百七十四条　对受保护人的性侵害

一、(第一句)行为人与下列人员实施性行为：

(一)未满十八周岁并委托给其教养与生活照管的人；

(二)未满十八周岁并在培训、职务、雇佣上处于从属地位的人，且行为人滥用与培训、职务、雇佣有关的依赖关系；

(三)未满十八周岁并属于自己、配偶、生活伴侣或类似配偶或生活伴侣关系的共同体的人的自然或法定卑亲属；

或任由受保护人对自己实施性行为的，处三个月以上五年以下自由刑。(第二句)符合本款第一句规定的条件，促使受保护人实施性行为，或在第三人面前实施性行为，或让第三人对自己实施性行为的，根据本款的规定处罚。

二、(第一句)教养、培训或生活照管机构内的人对委托给其的未满十八周岁的人实施下列行为的，处三个月以上五年以下自由刑：

(一)对与该机构有教养、培训或生活照管上的法律关系的未满十六周岁的人实施性行为或任由其对自己实施性行为；或者

(二)利用其地位，对与该机构有教养、培训或生活照管上的法律关系的未满十八周岁的人实施性行为或任由其对自己实施性行为。

(第二句)在第一款情况下，让受保护人对第三人或在第三人面前实施性行为，或让第三人对其实施性行为的，根据本款的规定处罚。

三、在第一款或第二款情况下，实施下列行为的，处三年以下自由刑或罚金：

(一)在受保护人面前实施性行为,以使自己或第三人得到性刺激;或者

(二)让受保护人在自己面前实施性行为。

四、本罪的未遂可罚。

五、在第一款第一句第一项、第二款第一句第一项、第三款与第一款第一句第一项或第二款第一句第一项协同规定的情况下,如果行为的不法性轻微,法院可以根据本规定免除刑罚。

第一百七十四条之a　对囚犯、受官方羁押的人、机构中的病人与需要帮助者的性侵害

一、滥用其地位,对因教养、培训、监督或照管而委托给其的囚犯、受官方命令羁押的人实施性行为,或任由囚犯、受官方命令羁押的人对自己实施性行为,或让囚犯、受官方命令羁押的人对第三人实施或容忍第三人对其实施性行为的,处三个月以上五年以下自由刑。

二、对收容于机构内进行监督和照管的病人与需要帮助者,利用此类人的疾病与需要帮助对其实施性行为,或任由其对自己实施性行为,或让其对第三人实施或容忍第三人对其实施性行为的,根据前款的规定处罚。

三、本罪的未遂可罚。

第一百七十四条之b　利用公务地位的性侵害

一、作为参与刑事程序、剥夺自由的矫正与保安处分或官方羁押命令程序的公职人员,滥用由程序而产生的依赖关系,对程序的对象实施性行为或任由其对自己实施性行为,或让其对第三人实施或容忍第三人对其实施性行为的,处三个月以上五年以下自由刑。

二、本罪的未遂可罚。

第一百七十四条之c　利用咨询、治疗或照管关系的性侵害

一、对因精神或心理疾病(包括成瘾)或身体疾病或残疾而接受咨询、治疗或照管的人,滥用咨询、治疗或照管关系,对其实施性行为或任由其对自己实施性行为,或让其对第三人实施或容忍第三人对其实施性行为的,处三个月以上五年以下自由刑。

二、对委托给其进行心理治疗的人,滥用心理治疗关系,对其实施性行为或

任由其对自己实施性行为,或让其对第三人实施或容忍第三人对其实施性行为的,根据前款的规定处罚。

三、本罪的未遂可罚。

第一百七十五条　(删除)

第一百七十六条　对儿童的性侵害

一、实施下列行为的,处一年以上自由刑:

(一)对未满十四周岁的人(儿童)实施性行为或任由其对自己实施性行为;

(二)让儿童对第三人实施性行为或由第三人对其实施性行为;

(三)为实施第一项或第二项规定的行为而提供或承诺介绍儿童。

二、在第一款第一项情况下,如果行为人与儿童相互同意实施性行为,且双方的年龄、心智发展状况或成熟度相差不大的,法院可以免除刑罚,但行为人利用儿童缺乏性自主权同意能力的情况除外。

第一百七十六条之 a　对儿童的无身体接触的性侵害

一、实施下列行为的,处六个月以上十年以下自由刑:

(一)在儿童面前实施性行为或在儿童面前让第三人对自己实施性行为;

(二)让儿童实施性行为,只要这一行为不受本法第一百七十六条第一款第一项或第二项的规制;或者

(三)通过色情内容(本法第十一条第三款)或色情言辞影响儿童。

二、为实施第一款规定的行为而提供或承诺介绍儿童,或与第三人约定实施这一行为的,根据前款的规定处罚。

三、(第一句)第一款第一项与第二项规定的犯罪的未遂可罚。(第二句)第一款第三项规定的犯罪的未遂,只有在未遂是因为行为人误认为其行为影响了儿童时可罚。

第一百七十六条之 b　预备对儿童的性侵害

一、通过内容(本法第十一条第三款)影响儿童,意图达到下列目的的,处三个月以上五年以下自由刑:

(一)让儿童对行为人实施性行为或在行为人面前实施性行为,或让儿童

对第三人实施性行为或在第三人面前实施性行为,或让儿童任由行为人或第三人对其实施性行为;或者

(二)实施本法第一百八十四条之b第一款第一句第三项或第一百八十四条之b第三款规定的犯罪行为。

二、为实施第一款规定的行为而提供或承诺介绍儿童,或与第三人约定实施这一行为的,根据前款的规定处罚。

三、第一款规定的犯罪的未遂,只有在犯罪之所以未遂是因为行为人误认为其行为影响了儿童时可罚。

第一百七十六条之c　加重的对儿童的性侵害

一、在本法第一百七十六条第一款第一项与第二项情况下,对儿童实施性行为,有下列情节的,处二年以上自由刑:

(一)行为人在五年内因同样的行为被生效判决确定有罪;

(二)行为人至少年满十八周岁,以及:

1. 性侵儿童或对其实施与侵入身体有关的类似性行为,或任由儿童对自己实施上述性行为;或者

2. 让儿童与第三人性交或对其实施与侵入身体有关的类似性行为,或任由第三人对儿童实施上述性行为;

(三)行为由多个人实施;或者

(四)行为人通过其行为给儿童造成严重健康损害或显著的身体、心理发展损害的危险。

二、在本法第一百七十六条第一款第一项或第二项、第一百七十六条之a第一款第一项或第二项或第三款第一句情况下,行为人或其他参与人意图将儿童性行为制作为色情内容(本法第十一条第三款)并通过本法第一百八十四条之b第一款或第二款规定的行为予以传播的,根据前款的规定处罚。

三、在本法第一百七十六条第一款第一项或第二项情况下,严重虐待儿童身体或通过其行为使儿童面临死亡危险的,处五年以上自由刑。

四、行为人因官方命令被羁押在相关机构的时间,不计入第一款第一项所指期间。在外国被判决的行为,如果属于本法第一百七十六条第一款第一项或

第二项规定的犯罪,视为第一款第一项所指的在国内判决的情况。

第一百七十六条之 d 导致死亡结果的对儿童的性侵害

通过性侵害(本法第一百七十六条至第一百七十六条之 c)导致儿童死亡,对此至少有重大过失的,处终身自由刑或十年以上自由刑。

第一百七十六条之 e 传播或持有指导对儿童的性侵害物品

一、传播或向公众提供的内容(本法第十一条第三款)足以引诱他人实施本法第一百七十六条至第一百七十六条之 d 规定的违法行为,且该内容本身就是以促进或唤起他人实施上述行为的决心为目的而制作出来的,处三年以下自由刑或罚金。

二、实施下列行为以促进或唤起他人实施上述行为的决心的,根据前款的规定处罚:

(一)传播或向公众提供足以指导实施本法第一百七十六条至第一百七十六条之 d 规定的违法行为的内容(本法第十一条第三款);或者

(二)公开或在集会中指导实施本法第一百七十六条至第一百七十六条之 d 规定的违法行为。

三、下载、持有或向他人提供第一款所指内容或为他人获取而持有的,处二年以下自由刑或罚金。

四、第三款的规定不适用于专门合法履行下列事务的行为:

(一)国家任务;

(二)根据与其他主管机构的协议产生的任务;或者

(三)职务或职业义务。

五、第一款与第三款的规定在下列情况下不适用于刑事调查程序中的职务行为:

(一)没有制作、向他人或公众提供、传播或为他人获取而持有再现真实事件或使用儿童或青少年照片的儿童色情内容;以及

(二)使用其他手段来调查事实无成功的希望或会更加困难。

六、与第三款规定的犯罪行为有关的物品应当没收。在此应适用本法第七十四条之 a 的规定。

第一百七十七条　性侵害、性强迫、强奸

一、违背他人可以辨识的意愿，对其实施性行为或让其对自己实施性行为，或让其对第三人实施或容忍第三人对其实施性行为的，处六个月以上五年以下自由刑。

二、对他人实施性行为或让其对自己实施性行为，或让他人对第三人实施或容忍第三人对其实施性行为的，在下列情况下，根据前款的规定处罚：

（一）行为人利用他人无法形成意思或无法表示反对意思的情况；

（二）行为人利用他人因身体或精神状况而在形成或表达意思方面受到明显限制的情况，但行为人得到他人确定同意的情况除外；

（三）行为人趁他人措手不及实施行为；

（四）行为人利用他人如果反抗就会遭受严重伤害的情况；或者

（五）行为人通过严重伤害的威胁强迫他人实施或忍受性行为。

三、本罪的未遂可罚。

四、利用被害人因疾病或残疾而不具备形成或表达意思的能力的，处一年以上自由刑。

五、侵害过程中实施下列行为的，处一年以上自由刑：

（一）对被害人使用暴力；

（二）利用对身体或生命的现实危险威胁被害人；或者

（三）利用被害人无法抵抗行为人的影响的情况。

六、情节特别严重的，处二年以上自由刑。情节特别严重原则上是指：

（一）行为人性侵被害人或让其与自己性交，或对被害人实施特别羞耻的，尤其是与侵入身体有关的（强奸）类似性行为，或任由被害人对自己实施上述性行为；或者

（二）行为由多个人共同实施。

七、侵害过程中实施下列行为的，处三年以上自由刑：

（一）随身携带武器或其他危险器具；

（二）为了通过暴力、暴力威胁阻碍或制服被害人的反抗而随身携带其他器具或工具；或者

(三)对被害人身体造成严重伤害。

八、侵害过程中实施下列行为的,处五年以上自由刑:

(一)犯罪时使用武器或其他危险器具;或者

(二)被害人:

1. 在犯罪中身体受到严重虐待,或者

2. 因犯罪行为遭受死亡危险。

九、在第一款与第二款情况下,情节较轻的,处三个月以上三年以下自由刑;在第四款与第五款情况下,情节较轻的,处六个月以上十年以下自由刑;在第七款与第八款情况下,情节较轻的,处一年以上十年以下自由刑。

第一百七十八条　导致死亡结果的性侵害、性强迫、强奸

通过性侵害、性强迫、强奸(本法第一百七十七条)导致被害人死亡,对此至少有重大过失的,处终身自由刑或十年以上自由刑。

第一百七十九条　(删除)

第一百八十条　促使未成年人实施性行为

一、(第一句)以下列方式怂恿未满十六周岁的人对第三人或在第三人面前实施性行为,或让第三人对未满十六周岁的人实施性行为的:

(一)提供居中媒介;或者

(二)提供与创造机会;

处三年以下自由刑或罚金。(第二句)第一句第二款的规定不适用于有照顾权的人所为的行为;但照顾权人的怂恿行为严重违反其教育义务的情况除外。

二、让不满十八周岁的人为获利而对第三人或在第三人面前实施性行为,或任由第三人对其实施性行为,或通过居中媒介怂恿此类性行为的,处五年以下自由刑或罚金。

三、第二款情况下的未遂可罚。

第一百八十条之 a　剥削卖淫者

一、常业性开设或经营让他人从事卖淫活动的营业场所,且使卖淫者的人身或经济依赖于这一营业的,处三年以下自由刑或罚金。

二、实施下列行为的，根据前款的规定处罚：

（一）向未满十八周岁的从事卖淫活动的人提供住所、营业场所或营业居所；或者

（二）向他人提供从事卖淫活动的住所，督促其从事卖淫活动或对其进行剥削。

第一百八十条之 b 至第一百八十一条　（删除）

第一百八十一条之 a　介绍卖淫

一、实施下列行为，且与卖淫者维持并非止于单次交易的关系的，处六个月以上五年以下自由刑：

（一）剥削从事卖淫活动的他人；或者

（二）为财产性利益而监督他人的卖淫活动，或规定卖淫活动的场所、时间、范围或其他情况，或采取防止他人放弃卖淫活动的措施。

二、常业性地通过为卖淫活动提供居中媒介的方式促使他人从事卖淫活动，且与卖淫者维持并非止于单次交易的关系，从而损害他人人身与经济上的独立性的，根据前款的规定处罚。

三、当第一款第一项与第二项所指行为或第二款所指的促使行为是针对配偶或生活伴侣实施的时，根据第一款与第二款的规定处罚。

第一百八十一条之 b　行为监督

在本法第一百七十四条至第一百七十四条之 c、第一百七十六条至第一百八十条、第一百八十一条之 a、第一百八十二条与第一百八十四条之 b 情况下，法院可以命令将行为人交付行为监督（本法第六十八条第一款）。

第一百八十二条　针对青少年的性侵害

一、对未满十八周岁的人，利用其困难状况实施下列性侵害的，处五年以下自由刑或罚金：

（一）对其实施或任由其对自己实施性行为；或者

（二）让其对第三人实施或任由第三人对其实施性行为。

二、年满十八周岁的人，有偿地对未满十八周岁的人实施性行为或任由其对自己实施性行为的，根据前款的规定处罚。

三、年满二十一周岁的人对未满十六周岁的人实施下列行为，且利用被害人缺乏性自主权能力的，处三年以下自由刑或罚金：

（一）对其实施或任由其对自己实施性行为；或者

（二）让其对第三人实施或任由第三人对其实施性行为。

四、本罪的未遂可罚。

五、在第三款情况下，受告诉的才能追诉，但刑事追诉机构因追诉有特别的公共利益而依据职权介入的情况除外。

六、在第一款至第三款情况下，如果行为的不法性轻微，法院可以根据本规定免除刑罚。

第一百八十三条　露阴癖行为

一、男性通过露阴癖行为骚扰他人的，处一年以下自由刑或罚金。

二、行为受告诉的才能追诉，但刑事追诉机构因追诉有特别的公共利益而依据职权介入的情况除外。

三、在可以期待行为人接受长期治疗后不会再实施露阴癖行为时，法院可以暂缓自由刑执行交付缓刑执行。

四、对因露阴癖行为而受下列处罚的男女，同样适用第三款的规定：

（一）其他法条规定的最重刑罚为一年以下自由刑或罚金；或者

（二）依据本法第一百七十四条第三款第一项或第一百七十六条之 a 第一款第一项而应当受到刑罚处罚。

第一百八十三条之 a　激起公愤

公开实施性行为，蓄意或故意激起公愤，且该行为不受本法第一百八十三条规制的，处一年以下自由刑或罚金。

第一百八十四条　传播色情内容

一、将色情内容（本法第十一条第三款）以下列方式传播的，处一年以下自由刑或罚金：

（一）提供、转让给未满十八周岁的人或使其获取；

（二）在未满十八周岁的人可以进入或阅览的场所内提供；

（三）在营业场所外的零售点、报摊或其他顾客不常光顾的销售点中，以及于寄售、营业性租书店或读者群体中向他人提供或转让；

(三a)以营业性出租或类似的使用权授予的方式向他人提供或转让，但经营未满十八周岁的人不得进入和阅览的商店除外；

(四)着手以寄售方式输入；

(五)公开在未满十八周岁的人可以进入和阅览的场所内提供，或在商业交易之外通过传播与相关交易有关的文书进行提供或宣传；

(六)未经他人要求而向其提供；

(七)在完全或主要为获取放映报酬而放映的电影中展示；

(八)为在第一项至第七项意义上使用或能够使他人使用，而制作、购进、交付、存储或着手进行输入；或者

(九)为在外国违反当地有效的刑事法规，传播、向公众提供或使此类使用成为可能，而着手进行输入。

二、第一款第一项与第二项的规定不适用于有照顾权的人所为的行为；但照顾权人通过实施给予、转让和提供的行为严重违反其教育义务的情况除外。第一款第三a项不适用于与营业性租书者的商业交易行为。

三至七(删除)

第一百八十四条之a　传播暴力或动物色情内容

一、对以暴力或人与动物的性行为为主题的色情内容实施下列行为的，处三年以下自由刑或罚金：

(一)传播或向公众提供；或者

(二)为在第一项意义上使用或能够使他人使用，而制作、购进、交付、存储、提供、宣传或着手进行输入或输出。

二、第一句第一项情况下的未遂可罚。

第一百八十四条之b　传播、获取或持有儿童色情内容

一、(第一句)实施下列行为的，处六个月以上十年以下自由刑：

(一)传播或向公众提供儿童色情内容，儿童色情内容是具有下列主题的内容(本法第十一条第三款)：

1. 由未满十四周岁的人(儿童)实施的，或对其实施的或在其面前实施的

性行为；

2. 对完全或部分裸露且摆出性刺激身体姿势的儿童形象的描述；或者

3. 对儿童的生殖器、臀部的引起性刺激的描述；

（二）着手使他人获取或持有包含真实动作或接近真实动作的儿童色情内容；

（三）重现、制作真实动作的儿童色情内容；或者

（四）为在第一项或第二项意义上使用或能够使他人使用，而制作、购进、交付、存储、提供、宣传或着手进行输入或输出儿童色情内容，只要该行为不受第三项规定的刑罚规制。

（第二句）在第一款第一句第一项与第四项情况下，重现不属于真实动作或不属于接近真实动作的儿童色情内容的，处三个月以上五年以下自由刑。

二、在第一款情况下，行为人常业性犯本罪或作为以持续实施此类行为为目的的团伙的成员实施犯罪行为，且重现第一款第一句第一项、第二项与第四项所指的真实动作或接近真实动作的内容的，处二年以上自由刑。

三、着手下载或设法取得重现真实动作或接近真实动作的儿童色情内容，或持有此类内容的，处三个月以上五年以下自由刑。

四、第一款第一句第一项与第三项规定的以及第一款第二句与第一句第一项协同规定的犯罪的未遂可罚。

五、第一款第一句第二项与第三款的规定不适用于专门合法履行下列事务的行为：

（一）国家任务；

（二）根据与其他主管机构的协议产生的义务；或者

（三）职务或职业义务。

六、第一款第一句第一项、第二项、第四项与第二句的规定在下列情况下不适用于刑事调查程序的职务行为：

（一）行为所涉及的儿童色情内容不属于描绘真实动作或使用儿童或青少年的摄影制作；以及

（二）使用其他手段来调查事实无成功的希望或会更加困难。

七、与第一款第一句第二项、第三项或第三款规定的犯罪行为有关的物品应当没收。在此应适用本法第七十四条之a的规定。

第一百八十四条之c　传播、获取或持有青少年色情内容

一、实施下列行为的,处三年以下自由刑或罚金:

(一)传播或向公众提供青少年色情内容;青少年色情内容是具有下列主题的内容(本法第十一条第三款):

1. 由已满十四周岁未满十八周岁的人实施的、对其实施的或在其面前实施的性行为;

2. 对完全或部分裸露且摆出性刺激身体姿势的已满十四周岁未满十八周岁的人的形象的描述;或者

3. 对已满十四周岁未满十八周岁的人的生殖器、臀部的引起性刺激的描述。

(二)着手使他人获取或持有包含真实动作或接近真实动作的青少年色情内容。

(三)重现、制作真实动作的青少年色情内容。

(四)为在第一项或第二项意义上使用或能够使他人使用,而制作、购进、交付、存储、提供、宣传或着手进行输入或输出青少年色情内容,只要该行为不受第三项规定的刑罚规制。

二、在第一款情况下,行为人常业性犯本罪或作为以持续实施此类行为为目的的团伙的成员实施犯罪行为,且在第一款第一句第一项、第二项与第四项情况下描述的内容系真实动作或接近真实动作的,处三个月以上五年以下自由刑。

三、着手下载或设法取得重现真实动作或接近真实动作的青少年色情内容,或持有此类内容的,处二年以下自由刑或罚金。

四、第一款第三项以及与第五款的协同规定与第三款的规定不适用于得到被描绘人的同意,专为个人使用而制作的与青少年色情内容有关的行为。

五、本罪的未遂可罚;但不适用于第一款第二项、第四项与第三款规定的行为。

六、参照适用本法第一百八十四条之b第五款至第七款的规定。

第一百八十四条之d　(删除)

第一百八十四条之 e　组织与观看儿童与青少年色情表演

一、组织儿童色情表演的，根据本法第一百八十四条之 b 第一款的规定处罚。组织青少年色情表演的，根据本法第一百八十四条之 c 第一款的规定处罚。

二、观看儿童色情表演的，根据本法第一百八十四条之 b 第三款的规定处罚。观看青少年色情表演的，根据本法第一百八十四条之 c 第三款的规定处罚。参照适用本法第一百八十四条之 b 第五款第一项与第三项的规定。

第一百八十四条之 f　从事禁止的卖淫活动

屡次违背法规作出的禁止在特定场所或时间内从事卖淫活动的命令的，处六个月以上自由刑或一百八十日额以下罚金。

第一百八十四条之 g　危害青少年的卖淫活动

在下列场所从事卖淫活动且有伤风化的，处一年以下自由刑或罚金：

（一）在学校附近或其他供未满十八周岁的人造访的场所；或者

（二）在未满十八周岁的人的住所。

第一百八十四条之 h　概念定义

本法意义上：

（一）性行为仅限于对受保护法益而言具有相当重要性的行为；

（二）在他人面前的性行为仅指在他人面前实施且使其能感受到的性行为。

第一百八十四条之 i　性骚扰

一、以与性相关的特定方式接触他人身体而骚扰他人的，如果没有本章其他法条对该行为规定更重的刑罚，处二年以下自由刑或罚金。

二、情节特别严重的，处三个月以上五年以下自由刑。情节特别严重原则上是指行为由多个人共同实施。

三、行为受告诉的才能追诉，但刑事追诉机构因追诉有特别的公共利益而依据职权介入的情况除外。

第一百八十四条之 j　集团犯罪行为

通过参与胁迫他人从事犯罪行为的集团以促进犯罪的，如果集团的参与人所实施的是本法第一百七十七条或第一百八十四条之i规定的犯罪，且如果没有其他法条对该行为规定更重的刑罚，处二年以下自由刑或罚金。

第一百八十四条之k 通过摄影侵犯隐私部位

一、实施下列行为的，处二年以下自由刑或罚金：

（一）在未经授权的情况下，蓄意或故意制作或传播受保护的不为外界所见的他人的生殖器、臀部、女性乳房或覆盖这些身体部位的内衣的摄影；

（二）使用根据第一项的行为制作的摄影或向第三人提供；或者

（三）将经授权制作的第一项所指类型的摄影在明知未经授权的情况下向第三人提供。

二、行为受告诉的才能追诉，但刑事追诉机构因追诉有特别的公共利益而依据职权介入的情况除外。

三、第一款的规定不适用于主要为维护重大正当利益而实施的行为，即为艺术或科学、研究或学术、对时事或历史进行新闻报道以及以其他相似目的而实施的行为。

四、正犯或共犯使用的图像载体、摄影器材或其他技术设备可以予以没收。在此应适用本法第七十四条之a的规定。

第一百八十四条之l 发布、获取或持有拥有儿童形象的性玩偶

一、（第一句）实施下列行为的，处五年以下自由刑或罚金：

（一）制作、提供或宣传儿童的身体或儿童身体一部分的仿真品，且其性质上是用于实施性行为；

（二）交易第一项所指的仿真品，或为此目的将其带入、通过本法的空间适用范围；或者

（三）不以交易为目的，转让、交付第一项所指的仿真品或以其他方式将其投入流通。

（第二句）第一句的规定不适用于本法第一百八十四条之b对其规定了更重的刑罚的情况。

二、获取、持有第一款第一句第一项所指的仿真品或将其带入、通过本法的空间适用范围的，处三年以下自由刑或罚金。参照适用第一款第二句的规定。

三、第一款第一句第二项与第三项情况下的未遂可罚。

四、第一款第一句第三项与第二款的规定不适用于专门合法履行国家任务、职业与职务义务的行为。

五、与犯罪行为有关的物品应当予以没收。在此应适用本法第七十四条之 a 的规定。

第十四章 侮辱犯罪

第一百八十五条 侮辱

侮辱他人的,处一年以下自由刑或罚金;公开、在集会中或通过传播的内容(本法第十一条第三款)侮辱他人,或暴力侮辱他人的,处二年以下自由刑或罚金。

第一百八十六条 恶意中伤

宣称或传播足以使他人受蔑视或在社会观念中受贬低的事实的,如果该事实不能证明为真实,处一年以下自由刑或罚金;公开或在集会中通过传播的内容(本法第十一条第三款)诽谤他人的,处二年以下自由刑或罚金。

第一百八十七条 诽谤

虽然知情,但仍宣称或传播足以使他人受蔑视或在社会观念中受贬低或危害他人信用的虚假事实的,处二年以下自由刑或罚金;公开、在集会中或通过传播的内容(本法第十一条第三款)诽谤他人的,处五年以下自由刑或罚金。

第一百八十八条 对政治人物的侮辱、恶意中伤与诽谤

一、出于损害受侮辱者的公共生活地位的动机,公开、在集会中或通过传播的内容(本法第十一条第三款)对政治性公众人物实施侮辱(本法第一百八十五条),足以给其公共影响力带来明显妨碍的,处三年以下自由刑或罚金。本款中的政治性公众人物一直延伸至乡镇一级。

二、对符合同样条件的恶意中伤(本法第一百八十六条)行为,处三个月以上五年以下自由刑,对符合同样条件的诽谤(本法第一百八十七条)行为,处六个月以上五年以下自由刑。

第一百八十九条　贬低对死者的追思

贬低对死者的追思的，处二年以下自由刑或罚金。

第一百九十条　刑事审判的真实证明

宣称或传播的事实属于犯罪事实，受侮辱者因该事实被终审判决有罪的，该事实视为证明为真实的事实。受侮辱者因该事实被终审判决无罪的，该事实不属于证明为真实的事实。

第一百九十一条　（删除）

第一百九十二条　虽证明为真实但仍系侮辱

宣称或传播的事实虽然证明为真实，但因宣称或传播的形式或行为发生的情况而构成侮辱的，不得免除本法第一百八十五条规定的刑罚。

第一百九十二条之 a　煽动性侮辱

未经属于下述群体之一的另一人要求，将通过侮辱、恶意中伤或诽谤按民族、种族、宗教或族裔出身、意识形态、残疾或性取向界定的群体或其中的个人而足以侵犯他人人格尊严的内容（本法第十一条第三款）传播给该人，处二年以下自由刑或罚金。

第一百九十三条　履行正当利益

虽符合本法第一百九十二条之 a 的构成要件但属于为行使、维护权利或履行正当利益而实施的针对科学、艺术、职业成就所作的非难性评价，以及上级监督者对下级的训诫、职务公告或公职人员作出的裁判以及其他类似情况，只有在表示的形式或行为发生的情况构成侮辱时，方可处罚。

第一百九十四条　刑事告诉

一、（第一句）侮辱行为受告诉的才能追诉。（第二句）当行为是在集会中或通过传播内容（本法第十一条第三款）或以向公众提供的方式实施的，且被害人曾在纳粹或其他暴力政权肆意统治期间因作为人民团体的成员而受到迫害，而侮辱内容又与迫害有关的，则不需要提起告诉也可追诉。（第三句）在本法第一百八十八条或第一百九十二条之 a 情况下，在刑事追诉机构因追诉有特别的公共利益而依据职权介入时，不需要提起告诉也可追诉。（第四句）在被害人反对时，第二句或第三句规定的行为不得依职权追诉。（第五句）反对不得撤回。(第六句)被害人死亡的,告诉权与反对权转移至本法第七十七条第二款所指的亲属。

二、贬低对死者的追思的,告诉权属于本法第七十七条第二款所指的亲属。行为是在集会中或通过传播内容(本法第十一条第三款)或以向公众提供的方式实施的,如果死者是纳粹或其他暴力或肆意统治政权的被害人,且侮辱与此有关的,则不需要告诉也可追诉。告诉权人反对告诉的,不得依职权追诉。反对不得撤回。

三、侮辱行为如果是在公职人员、对公职承担特别义务的人、国防军士兵履行公职或从事与其公职有关的活动时实施的,在监督者提出告诉后才能追诉。侮辱行为针对政府机构或其他从事公共管理事务的机构的,只有在机构领导或监督机构领导提出告诉后才能追诉。本规定同样适用于教会或其他公法上的宗教团体的教职人员与机构。

四、侮辱行为针对联邦或州立法机构或本法空间效力范围内的其他政治团体的,只有得到政治团体的授权才能追诉。

第一百九十五条至第一百九十八条 (删除)

第一百九十九条 相互的侮辱

受侮辱的人当场以侮辱反击的,法官可以免除双方或其中一方的刑罚。

第二百条 公布判决

一、公开或通过传播内容(本法第十一条第三款)实施侮辱并因此被判处刑罚的,可以根据被害人或其他有告诉权人的申请命令公布判决。

二、公布的方式在判决中确定。通过传播内容(本法第十一条第三款)实施侮辱的,如果可能,应以同样的方式公布判决。

第十五章　侵害个人生命与秘密领域的犯罪

第二百零一条　侵害言论秘密

一、未经授权实施下列行为的，处三年以下自由刑或罚金：

（一）用录音设备对他人不公开发表的言论进行录音；或者

（二）使用或向第三人提供上述录音。

二、（第一句）未经授权实施下列行为的，根据前款的规定处罚：

（一）利用窃听设备窃听自己无权知悉的他人不公开发表的言论；或者

（二）逐字公开第一款第一项所指录音与第二款第一项所指他人被窃听的不公开发表的言论，或将其重要内容公开的。

（第二句）第一句第二项规定的行为，只有在公布足以损害他人合法利益时方可处罚。（第三句）如果公布是为了维护特别重要的公共利益，则不属于违法。

三、公职人员或对公职承担特别义务的人侵害言论秘密的（第一款与第二款），处五年以下自由刑或罚金。

四、本罪的未遂可罚。

五、正犯与共犯所使用的录音与窃听设备可以予以没收。在此应适用本法第七十四条之 a 的规定。

第二百零一条之 a　通过摄影侵害最私密的个人生活领域

一、实施下列行为的，处二年以下自由刑或罚金：

（一）未经授权对位于住所或采取特别保护措施防止窥探的空间内的个人进行摄影或转让所摄影像，由此对被摄影人的最私密的个人生活领域造成损害；

（二）未经授权对他人的无助状态进行摄影或转让所摄影像，由此对被摄影人的最私密的个人生活领域造成损害；

（三）对死者进行摄影或转让所摄影像，且所摄影像以严重冒犯的方式展示死者；

（四）使用通过第一项至第三项规定的行为所制作的影像或向第三人提供影像；或者

（五）将经授权制作的第一项至第三项所指的影像在明知未经授权的情况下向第三人提供，且在第一项与第二项规定的情况下对被摄影人的最私密的个人生活领域造成损害。

二、（第一句）未经授权将足以明显损害被摄影人声誉的影像向第三人提供的，根据前款的规定处罚。（第二句）本规定同样适用于涉及死者的影像。

三、对以未满十八周岁的人的裸体为对象的影像实施下列行为的，处二年以下自由刑或罚金：

（一）意图让第三人获取以获利而制作、提供；

（二）通过支付报酬而为自己或第三人获取。

四、第一款第二项与第三项（以及与第一款第四项或第五项的协同规定）、第二款与第三款的规定不适用于为维护重大正当利益而实施的行为，特别是以艺术或科学、研究或学术、对时事或历史进行新闻报道以及其他相似目的而实施的行为。

五、正犯或共犯使用的图像载体、摄影器材或其他技术设备可以予以没收。在此应适用本法第七十四条之 a 的规定。

第二百零二条　侵害通信秘密

一、未经授权实施下列行为的，如果该行为不受本法第二百零六条规制，处一年以下自由刑或罚金：

（一）开拆自己无权知悉且被封缄的信件或其他书面文件；或者

（二）在未开拆的情况下使用技术手段获取上述书面文件的内容。

二、未经授权，开拆自己无权知悉且通过封缄进行特别防护的书面文件或容器获取其内容的,根据前款的规定处罚。

三、图像视为第一款与第二款所指的书面文件。

第二百零二条之 a　窥探数据

一、未经授权,突破访问安全措施为自己或他人获取自己无权支配且采取了特别防护措施的数据的,处三年以下自由刑或罚金。

二、第一款意义上的数据仅指以电子、电磁或其他非直接感知方式存储或传输的数据。

第二百零二条之 b　拦截数据

未经授权,使用技术手段为自己或他人从非公开的数据传输或数据处理装置的电磁传送中获取不属于自己的数据(本法第二百零二条之 a 第二款)的,如果没有其他法条对该行为规定更重的刑罚,处二年以下自由刑或罚金。

第二百零二条之 c　窥探与拦截数据的预备

一、为实施本法第二百零二条之 a 或第二百零二条之 b 规定的犯罪而进行预备,制作、为自己或他人获取、出售、向他人转让、传播或公开提供下列数据的,处二年以下自由刑或罚金:

(一)访问数据(本法第二百零二条之 a 第二款)的口令或安全密码;或者

(二)用于实施此类犯罪的计算机程序。

二、参照适用本法第一百四十九条第二款与第三款的规定。

第二百零二条之 d　数据窝赃

一、意图为自己或第三人获利或意图损害第三人,为自己或他人获取、向他人转让、传播或公开提供不向公众开放且由他人通过违法手段获得的数据的,处三年以下自由刑或罚金。

二、本罪刑罚不得重于上游犯罪的刑罚。

三、第一款的规定不适用于履行合法职务与合法义务的行为。其中特别包括:

(一)公职人员或其他受委托人提供专用于税收程序、刑事程序或针对违反秩序行为的惩处程序的数据的行为;以及

(二)《刑事诉讼法》第五十三条第一款第一句第五项所指的人实施的接

收、利用或公开数据的职务行为。

第二百零三条　侵害私人秘密

一、未经授权，公开因下列身份受委托或以其他方式知悉的他人秘密，特别是属于个人生活领域的秘密、营业秘密或商业秘密的，处一年以下自由刑或罚金：

（一）医生、牙医、兽医、药剂师，以及其他因执业或佩戴职业标志而需要接受国家规定的培训的医疗职业人员；

（二）通过国家承认的学术毕业考试的职业心理治疗师；

（三）律师或律师之外的法律服务提供者、专利律师、公证人、法定程序中的辩护人、会计师、宣誓审计员、税务顾问以及税务代理人；

（三 a）会计、审计机构，或税务顾问与税务代理人执业协会中的机构及其成员，或与会计、审计专业协会或会计、审计、税务协助、律师事务以及专利律师事务有关的在本国或欧洲其他国家营运的律师执业协会、专利律师执业协会中的机构及其成员；

（四）婚姻、家庭、教育、青少年顾问以及其他被主管机构、团体、其他机构或公法上的基金会承认的咨询机构中处理瘾癖问题的顾问；

（五）《妊娠冲突法》第三条与第八条第一款承认的咨询机构的成员或受委托人；

（六）国家承认的社会工作者或国家承认的社会教育者；或者

（七）私营疾病保险企业、私营意外事故保险企业、私营人寿保险企业或私营医疗、税务顾问或律师结算机构的成员。

二、（第一句）未经授权，公开因下列身份受委托或以其他方式知悉的他人秘密，特别是属于个人生活领域的秘密、营业秘密或商业秘密的，根据前款的规定处罚：

（一）公职人员或欧洲公职人员；

（二）对公职承担特别义务的人；

（三）依据《人员代表法》执行任务或行使权力的人；

（四）为联邦或州立法机构服务的调查委员会、其他委员会或咨询会的成员且其本身不是立法机构成员，或上述委员会或咨询会的助手；

(五)公开任命的,根据法律的规定正式负有认真履职义务的专家;或者

(六)根据法律的规定,在执行科学研究计划时正式负有认真履行保密义务职责的人。

(第二句)为履行公共管理任务而获取的对他人个人或事物关系的个别陈述,视为第一句所指的秘密;为履行公共管理任务而将个别陈述披露给主管机构或其他机构,只要法律没有禁止披露行为,则不适用第一句的规定。

二 a(删除)

三、第一款与第二款所指人员将秘密提供给其职业上的助手或从事该职业准备工作的人员的,不属于本条所指的泄密。第一款与第二款所指人员可以将他人的秘密公开给在职业或职务上与其合作的人员,但以其他合作人员在工作上的需要为限;本规定同样适用于利用他人与第一款与第二款所指的人员合作的其他参与人员。

四、(第一句)作为关于合作人员或作为第一款与第二款所指人员的数据的委托保护人,未经授权,将履职中或因机会获得的他人秘密公开的,处一年以下自由刑或罚金。(第二句)行为人有下列情况的,同样处罚:

(一)作为第一款与第二款所指人员,没有谨慎履行保密义务,导致其他合作人员未经授权将履职中或因机会获得的他人秘密公开;本规定不适用于本身就是第一款与第二款所指人员的其他合作人员的情况;

(二)作为第三款所指的为与第一款与第二款所指人员合作的人员服务的其他合作人员,没有谨慎履行保密义务,未经授权将履职中或因机会获得的他人秘密公开;本规定不适用于本身就是第一款与第二款所指人员的其他合作人员的情况;或者

(三)在根据本款第一句或第一款或第二款规定负有义务的人死后,未经授权公布从死者那里获得或从死者遗物中获得的他人秘密。

五、行为人在当事人死后未经授权公布其秘密的,同样适用第一款至第四款的规定。

六、行为人为获取报酬,或意图为自己或他人获利或损害他人利益而实施上述行为的,处二年以下自由刑或罚金。

第二百零四条 利用他人秘密

一、根据本法第二百零三条负有保密义务的人,利用他人秘密,特别是营业或商业秘密的,处二年以下自由刑或罚金。

二、参照适用本法第二百零三条第五款的规定。

第二百零五条 刑事告诉

一、在本法第二百零一条第一款、第二款,第二百零二条,第二百零三条,第二百零四条情况下,行为受告诉的才能追诉。本规定同样适用于本法第二百零一条之 a、第二百零二条之 a、第二百零二条之 b 与第二百零二条之 d,但刑事追诉机构因追诉有特别的公共利益而依据职权介入的情况除外。

二、(第一句)被害人死亡的,告诉权根据本法第七十七条第二款移转至亲属;但本法第二百零二条之 a、第二百零二条之 b 与第二百零二条之 d 的情况除外。(第二句)秘密不属于被害人的个人生活领域的,本法第二百零三条与第二百零四条的犯罪行为的告诉权移转至继承人。(第三句)在本法第二百零三条与第二百零四条情况下,行为人在当事人死亡后公开或利用其秘密的,参照适用本款第一句与第二句的规定。(第四句)在本法第二百零一条之 a 第一款第三项与第二款第二句情况下,告诉权属于本法第七十七条第二款所指亲属。

第二百零六条 侵害邮件与通信秘密

一、提供邮政或电信服务的企业的所有人或员工,未经授权向他人提供其获悉的属于邮件秘密或通信秘密的事实的,处五年以下自由刑或罚金。

二、第一款所指企业的所有人或员工,未经授权实施下列行为的,根据前款的规定处罚:

(一)开拆委托上述企业运输且封缄的邮寄物,或在未开拆的情况下使用技术手段为自己获取上述邮寄物的内容;

(二)妨碍委托上述企业运输且封缄的物的邮寄;或者

(三)允许或促进第一款或第一项或第二项规定的行为。

三、第一款与第二款的规定也适用于:

(一)对第一款所指企业进行监督的人;

（二）受上述企业委托或授权提供邮政或电信服务的人；或者

（三）受委托制作供上述企业的营业所用的设施或参加相关工作的人。

四、非从事邮政或电信领域工作的公职人员，未经授权将其通过有权或无权干预而获取的邮件与通信秘密的事实向他人提供的，处二年以下自由刑或罚金。

五、特定人员的邮件往来的具体情况以及邮件内容属于邮件秘密。电信内容及其具体情况，特别是某人是否使用或曾经使用电信通道的事实，属于通信秘密。通信秘密也包括尝试连接但未成功的具体情况。

第二百零七条至第二百一十条　（删除）

第十六章 针对生命的犯罪

第二百一十一条 谋杀

一、谋杀他人的,处终身自由刑。

二、谋杀是指,出于谋杀欲、性欲、贪婪或其他卑鄙动机杀人,或以阴险、残酷手段或危害公共安全的方法杀人,或为实施、掩盖犯罪行为杀人。

第二百一十二条 故意杀人

一、故意杀人但非谋杀的,处五年以上自由刑。

二、情节特别严重的,处终身自由刑。

第二百一十三条 情节较轻的故意杀人

被害人对行为人本人或其家属实施虐待或严重侮辱,激起行为人的愤怒而当场杀人,且行为人对上述虐待或侮辱没有责任,或有其他情节较轻的情况的,处一年以上十年以下自由刑。

第二百一十四条至第二百一十五条 (删除)

第二百一十六条 受嘱托杀人

一、受他人明示且真挚的嘱托而将其杀害的,处六个月以上五年以下自由刑。

二、本罪的未遂可罚。

第二百一十七条 业务上帮助自杀

一、意图帮助他人自杀而开展为自杀者提供、创造或介绍机会的业务,处三年以下自由刑或罚金。

二、帮助自杀的共犯不是自行提供业务性帮助,或是第一款所指的人的家属或亲近之人的，不予处罚。

第二百一十八条　堕胎

一、实施堕胎行为的，处三年以下自由刑或罚金。妨碍受精卵着床于子宫的行为，不属于本法意义上的堕胎。

二、（第一句）情节特别严重的，处六个月以上五年以下自由刑。（第二句）情节特别严重原则上是指，行为人：

（一）违反孕妇的意愿而实施行为；或者

（二）因严重过失使孕妇有生命危险或严重健康损害危险。

三、怀孕妇女堕胎的，处一年以下自由刑或罚金。

四、（第一句）本罪的未遂可罚。（第二句）孕妇犯罪未遂的不予处罚。

第二百一十八条之 a　堕胎的不可罚

一、下列情况下，本法第二百一十八条的构成要件未实现：

（一）怀孕妇女要求堕胎，且向医生出示本法第二百一十九条第二款第二句规定的证明，证明其在手术前三日已经进行过咨询；

（二）堕胎由医生实施；以及

（三）在怀孕未满十二周时堕胎。

二、在医生根据其认识对孕妇的当前与未来生活关系进行考量，认为堕胎能够防止怀孕对孕妇造成的生命危险或严重损害身体或心理状况的危险，且该危险不能通过其他可期待的方法防止的情况下，根据孕妇的意愿由医生进行的堕胎不属于违法。

三、医生根据其认识，认为孕妇曾遭受本法第一百七十六条至第一百七十八条规定的犯罪的侵害，并有充分理由认定怀孕与该犯罪有关，且在怀孕未满十二周时堕胎的，同样适用第二款。

四、堕胎是根据医生的指导（本法第二百一十九条）并由医生实施，且怀孕未满二十二周的，对孕妇不予处罚。孕妇在手术时处于特别困境的，法院可以不根据本法第二百一十八条进行处罚。

第二百一十八条之 b　欠缺医生诊断证明的堕胎；虚假的医生诊断证明

一、（第一句）在本法第二百一十八条之 a 第二款或第三款规定的情况下实施堕胎行为,欠缺亲自实施手术的医生出具的有关是否符合本法第二百一十八条之 a 第二款或第三款规定的条件的书面诊断证明的,如果该行为不受本法第二百一十八条规制,处一年以下自由刑或罚金。(第二句)医生知情却出具符合本法第二百一十八条之 a 第二款或第三款规定的条件的虚假书面诊断证明的,如果该行为不受本法第二百一十八条规制,处二年以下自由刑或罚金。(第三句)对孕妇不根据第一句或第二句的规定处罚。

二、(第一句)医生因实施第一款、本法第二百一十八条或第二百一十九条之 b 规定的违法行为或其他与堕胎有关的违法行为而被终审判处有罪,因此被主管机构禁止出具本法第二百一十八条之 a 第二款或第三款规定的诊断证明的,不得出具诊断证明。(第二句)如果医生因有实施第一句所指违法行为的嫌疑而被开启主审程序,主管机构可以临时禁止其出具本法第二百一十八条之 a 第二款或第三款规定的诊断证明。

第二百一十八条之 c 医生在堕胎中违反义务

一、实施堕胎,且有下列情况的:

(一)未向孕妇提供解释堕胎理由的机会;

(二)未告知孕妇手术的意义,特别是过程、后果、风险、可能造成的身体或精神影响;

(三)在本法第二百一十八条之 a 第一款与第三款规定的情况下,未做医疗检查即确定怀孕时长;或者

(四)在本法第二百一十八条之 a 第一款规定的情况下,尽管医师已根据第二百一十九条给孕妇提供了指导;

如果该行为不属于本法第二百一十八条规定的应受刑罚处罚的行为,处一年以下自由刑或罚金。

二、对孕妇不根据第一款的规定处罚。

第二百一十九条 在紧急或冲突状况下对孕妇的指导

一、指导应服务于保护未出生的生命。指导应致力于鼓励妇女继续怀孕,为其开启与子女共同生活的愿景。其应帮助孕妇作出负责且认真的决定。指导应使妇女认识到,未出生的生命在怀孕的每个阶段都有独立于母体的生命

权,因此根据法秩序只有在例外情况下才能考虑堕胎,即妇女通过孕育子女承担了严重和异乎寻常的负担,超过了合理的牺牲限度。提供的咨询应通过建议或帮助,克服与怀孕有关的冲突状况,解除由此造成的困境。具体规定由《妊娠冲突法》规制。

二、(第一句)指导应根据《妊娠冲突法》的规定,由得到认可的妊娠冲突指导机构进行。(第二句)指导机构在指导结束后,应根据《妊娠冲突法》的规定,出具一份载有最近一次指导谈话资料与孕妇姓名的证明。(第三句)实施堕胎手术的医生,不得担任咨询人员。

第二百一十九条之 a (删除)

第二百一十九条之 b 销售堕胎工具

一、意图促进本法第二百一十八条规定的违法行为,将适用于堕胎的工具或物品投入流通的,处二年以下自由刑或罚金。

二、妇女参与堕胎的准备工作的,不根据第一款的规定处罚。

三、与犯罪有关的工具或物品可以予以没收。

第二百一十九条之 c (删除)

第二百一十九条之 d (删除)

第二百二十条 (删除)

第二百二十条之 a (删除)

第二百二十一条 遗弃

一、实施下列行为且因此使他人有生命危险或严重身体伤害危险的,处三个月以上五年以下自由刑:

(一)将他人置于无助的境况;或者

(二)任由其照顾的人或有义务帮助的人处于无助的境况。

二、行为人实施下列行为的,处一年以上十年以下自由刑:

(一)遗弃子女或依委托在生活中应当予以教育或照管的人;或者

(二)遗弃导致被害人遭受严重身体伤害。

三、遗弃导致被害人死亡的,处三年以上自由刑。

四、在第二款情况下,情节较轻的,处六个月以上五年以下自由刑;在第三款规定的情况下,情节较轻的,处一年以上十年以下自由刑。

第二百二十二条 过失致人死亡

过失致人死亡的,处五年以下自由刑或罚金。

第十七章　针对身体完整性的犯罪

第二百二十三条　故意伤害

一、虐待他人身体或损害其健康的，处五年以下自由刑或罚金。

二、本罪的未遂可罚。

第二百二十四条　危险性较大的故意伤害

一、通过下列手段实施故意伤害的，处六个月以上十年以下自由刑，情节较轻的，处三个月以上五年以下自由刑：

（一）使用毒药或其他有害健康的物质；

（二）使用武器或其他危险器具；

（三）阴险的袭击；

（四）与其他参与人共同实施；或者

（五）使用危及生命的手段。

二、本罪的未遂可罚。

第二百二十五条　虐待受保护人

一、对未满十八周岁或因老弱、疾病而处于无助状态且具有下列身份性质的人实施折磨或严重虐待，或恶意疏忽履行照顾义务，损害其健康的，处六个月以上十年以下自由刑：

（一）该人由行为人照料保护；

（二）该人属于行为人家庭成员；

（三）有照顾义务的人将该人的照顾义务转移至行为人；或者

（四）该人在职务或工作关系上从属于行为人。

二、本罪的未遂可罚。

三、行为人虐待受保护人导致其遭受下列危险的，处一年以上自由刑：

（一）生命危险或严重身体伤害危险；或者

（二）身体或心理发育的显著伤害。

四、在第一款情况下，情节较轻的，处三个月以上五年以下自由刑；在第三款情况下，情节较轻的，处六个月以上五年以下自由刑。

第二百二十六条 严重的故意伤害

一、实施身体伤害导致被害人遭受下列后果的，处一年以上十年以下自由刑：

（一）丧失单眼或双眼视力、听力、语言能力或生殖能力；

（二）丧失身体重要部分或持续无法使用身体的重要部分；或者

（三）明显而持续的毁容、久病不愈、精神疾病或残障。

二、行为人蓄意或明知地导致第一款所指后果的，处三年以上自由刑。

三、在第一款情况下，情节较轻的，处六个月以上五年以下自由刑；在第二款情况下，情节较轻的，处一年以上十年以下自由刑。

第二百二十六条之 a 残害女性生殖器

一、残害女性外生殖器的，处一年以上自由刑。

二、情节较轻的，处六个月以上五年以下自由刑。

第二百二十七条 导致死亡结果的故意伤害

一、行为人实施身体伤害（本法第二百二十三条至第二百二十六条之 a）导致被害人死亡的，处三年以上自由刑。

二、情节较轻的，处一年以上十年以下自由刑。

第二百二十八条 同意

行为人实施身体伤害得到被害人同意的，只有在该同意违反善良风俗时才属违法。

第二百二十九条 过失伤害

过失伤害他人身体的，处三年以下自由刑或罚金。

第二百三十条　刑事告诉

一、对于第二百二十三条的故意的身体伤害与本法第二百二十九条的过失的身体伤害,受告诉的才能追诉,但刑事追诉机构因追诉有特别的公共利益而依据职权介入的情况除外。被害人死亡的,故意的身体伤害的告诉权根据本法第七十七条第二款转移至亲属。

二、针对公职人员、对公职承担特别义务的人、国防军士兵在其履行公职或从事与其公职有关的活动时实施伤害的,在上级监督者提出告诉后才能追诉。本规定同样适用于教会或其他公法上的宗教团体的教职人员与机构。

第二百三十一条　参与斗殴

一、参与斗殴或由多个人实施的殴打,因斗殴或殴打致人死亡或重伤(本法第二百二十六条)的,处三年以下自由刑或罚金。

二、虽参与斗殴或殴打,但欠缺可谴责性的,不根据第一款的规定处罚。

第十八章　针对人身自由的犯罪

第二百三十二条　贩卖人口

一、(第一句)利用他人个人或经济上的困境、身处外国的无助状态或未满二十一周岁的情况,招募、运输、转送、容留或接收上述人员,且有下列情况的,处六个月以上五年以下自由刑:

(一)以下列方式剥削他人:

1. 从事卖淫活动,或对行为人或第三人实施性行为,或在行为人或第三人的面前实施性行为,或任由行为人或第三人对其实施性行为;

2. 从事雇佣劳动;

3. 实施乞讨行为;或者

4. 利用其实施受刑罚处罚的犯罪行为。

(二)使其成为奴隶、奴工、债务奴隶或其他类似奴隶;或者

(三)违法摘除他人器官。

(第二句)第一款第一句第一项第二目所指的剥削性雇佣劳动原则上是指,雇主出于肆无忌惮的盈利动机,让从事相同或类似工作的雇员在明显不适合的工作条件下工作。

二、对他人以第一款第一句第一项至第三项所规定的方式进行剥削,且有下列情况的,处六个月以上十年以下自由刑:

(一)以暴力或严重危害相威胁或以欺骗手段招募、运输、转送、容留或接收他人;或者

(二)绑架或拘禁他人,或怂恿第三人拘禁他人。

三、(第一句)实施第一款规定的行为,有下列情况的,处六个月以上十年以下自由刑:

(一)被害人在被害时未满十八周岁;

(二)行为人对被害人的身体实施严重虐待,或通过其犯罪行为或在犯罪时实施的其他行为使被害人有生命危险或严重健康损害危险,且对此有严重过失;或者

(三)行为人常业性犯本罪或作为以持续实施此类行为为目的的团伙的成员实施犯罪行为。

(第二句)实施第二款规定的行为,如果存在第一句第一项至第三项规定的情况,处一年以上十年以下自由刑。

四、第一款、第二款与第三款第一句情况下的未遂可罚。

第二百三十二条之 a 强迫卖淫

一、利用他人个人或经济上的困境、身处外国的无助状态或未满二十一周岁的情况,促使其实施下列行为的,处六个月以上十年以下自由刑:

(一)从事或继续从事卖淫;或者

(二)对行为人或第三人实施性行为,或在行为人或第三人的面前实施性行为,或让行为人或第三人对其实施性行为,且该性行为是剥削性性行为。

二、本罪的未遂可罚。

三、以暴力或严重危害相威胁或以诡计欺骗被害人从事或继续从事第一款第二项所指的性行为的,处一年以上十年以下自由刑。

四、实施第一款规定的行为,且存在本法第二百三十二条第三款第一句第一项至第三项规定的情况的,处三个月以上五年以下自由刑;实施第三款规定的行为,且存在本法第二百三十二条第三款第一句第一项至第三项所规定的情况的,处一年以上自由刑。

五、在第一款情况下,情节较轻的,处三个月以上五年以下自由刑;在第三款与第四款情况下,情节较轻的,处六个月以上十年以下自由刑。

六、(第一句)对下列情况人员,利用其个人或经济上的困境或身处外国的无助状态,让其从事卖淫、实施有报酬的性行为或让其对自己实施性行为的,处

三个月以上五年以下自由刑：

(一)本法第二百三十二条第一款第一句第一项第一目的人口贩卖的被害人,以及上述条文与本法第二百三十二条第二款协同规定的人口贩卖的被害人;或者

(二)第一款至第五款规定的犯罪的被害人。

(第二句)性行为中的行为人对第一句第一项或第二项的情况或被害人个人或经济上的困境或身处外国的无助状态,至少因重大过失而不知情的,处三年以下自由刑或罚金。自愿向主管机构告发第一句第一项或第二项规定的给从事第一句所指的卖淫的人造成不利的犯罪,或自愿促成此类告发的,不根据第一句或第二句的规定处罚,但犯罪在告发时已经全部或部分被发觉,且行为人对此知情或根据对案情的合理评价必须如此认定的情况除外。

第二百三十二条之b　强迫劳动

一、利用他人个人或经济上的困境、身处外国的无助状态或未满二十一周岁的情况,促使其实施下列行为的,处六个月以上十年以下自由刑：

(一)从事或继续从事剥削性雇佣劳动(本法第二百三十二条第一款第二句);

(二)成为奴隶、奴工、债务奴隶或其他类似奴隶;或者

(三)从事或继续从事被剥削的乞讨。

二、本罪的未遂可罚。

三、以暴力或严重危害相威胁或以诡计欺骗被害人从事下列行为的,处一年以上十年以下自由刑：

(一)从事或继续从事剥削性雇佣劳动(本法第二百三十二条第一款第二句);

(二)成为奴隶、奴工、债务奴隶或其他类似奴隶;或者

(三)从事或继续从事被剥削的乞讨。

四、参照适用本法第二百三十二条之a第四款与第五款的规定。

第二百三十三条　剥削劳动力

一、利用他人个人或经济上的困境、身处外国的无助状态或未满二十一周

岁的情况，对其实施下列剥削行为的，处三年以下自由刑或罚金：

（一）从事本法第二百三十二条第一款第二句所指的剥削性雇佣劳动；

（二）实施乞讨行为；或者

（三）利用其实施受刑罚处罚的犯罪行为。

二、有下列情况的，处六个月以上十年以下自由刑：

（一）被害人在被害时未满十八周岁；

（二）行为人对被害人的身体实施严重虐待，或通过其犯罪行为或在犯罪时实施的其他行为使被害人有生命危险或严重健康损害危险，且对此有严重过失；

（三）行为人扣留被害人全部或部分的标准劳动收入，致使其陷入经济困境或严重加剧其已有的经济困境；或者

（四）作为以持续实施此类行为为目的的团伙的成员实施犯罪行为。

三、本罪的未遂可罚。

四、在第一款情况下，情节较轻的，处二年以下自由刑或罚金；在第二款情况下，情节较轻的，处三个月以上五年以下自由刑。

五、（第一句）以下列方式支持第一款第一项规定的行为的，处二年以下自由刑或罚金：

（一）介绍剥削性雇佣劳动（本法第二百三十二条第一款第二句）；

（二）出租经营场所；或者

（三）向实施剥削的人出租住所。

（第二句）第一句的规定不适用于其他法条已经对该行为规定了更重的刑罚的情况。

第二百三十三条之 a　利用剥夺自由进行剥削

一、拘禁他人或以其他方式剥夺其自由，使其从事下列行为的，处六个月以上十年以下自由刑：

（一）卖淫；

（二）本法第二百三十二条第一款第二句规定的剥削性雇佣劳动；

（三）乞讨行为；或者

(四)利用其实施受刑罚处罚的犯罪行为。

二、本罪的未遂可罚。

三、实施第一款规定的行为,存在本法第二百三十三条第二款第一项至第四项规定的情况的,处一年以上十年以下自由刑或罚金。

四、在第一款情况下,情节较轻的,处三个月以上五年以下自由刑或罚金;在第三款情况下,情节较轻的,处六个月以上十年以下自由刑。

第二百三十三条之 b　行为监督

实施本法第二百三十二条、第二百三十二条之 a 第一款至第五款、第二百三十二条之 b、第二百三十三条第一款至第四款与第二百三十三条之 a 规定的行为,法院可以命令将行为人交付行为监督(本法第六十八条第一款)。

第二百三十四条　绑架

一、以暴力或严重危害相威胁或以诡计控制他人,意图使其陷入无助状态或将其送往外国的军事或准军事机构服役的,处一年以上十年以下自由刑。

二、情节较轻的,处六个月以上五年以下自由刑或罚金。

第二百三十四条之 a　使用强制手段致使他人遭受政治迫害

一、以诡计、威胁或暴力方式将他人带至本法的空间效力范围之外的地区,或使他人前往该地区或阻止他人从该地区返回,使其陷入政治迫害危险并因此遭受违反法治国家原则的身体伤害或生命危险、自由剥夺或明显妨碍其职业或经济地位的暴力或肆意措施的,处一年以上自由刑。

二、情节较轻的,处六个月以上五年以下自由刑。

三、实施预备行为的,处五年以下自由刑或罚金。

第二百三十四条之 b　使他人失踪

一、公职人员、受国家委托或被授权的人实施下列行为,剥夺被害人所受的法律保护的,处一年以上自由刑:

(一)绑架或以其他方式剥夺他人的人身自由,随后拒绝提供有关其命运或下落的信息;或者

(二)隐瞒被另一公职人员、受国家委托或被授权的人绑架或以其他方式被剥夺自由的人的命运或下落,或拒绝提供有关信息。

二、情节较轻的，处三个月以上五年以下自由刑。

第二百三十五条　诱拐未成年人

一、以下列方式使他人脱离父母、父母其中一方、监护人或照顾人的，处五年以下自由刑或罚金：

（一）对未满十八周岁的人以暴力或严重危害相威胁或以诡计欺骗；或者

（二）对不具有亲属关系的儿童实施诱拐。

二、为下列目的诱拐儿童脱离父母、父母其中一方、监护人或照顾人的，根据前款的规定处罚：

（一）带往外国；或者

（二）带往外国后将其扣留在该国。

三、第一款第二项与第二款第一项情况下的未遂可罚。

四、行为人的诱拐行为存在下列情形的，处一年以上十年以下自由刑：

（一）使被害人面临生命危险、严重健康损害危险或显著的身体、心理发展损害危险；或者

（二）为自己获取报酬或使第三人获利而实施行为。

五、行为人的诱拐行为导致被害人死亡的，处三年以上自由刑。

六、在第四款情况下，情节较轻的，处六个月以上五年以下自由刑或罚金；在第五款情况下，情节较轻的，处一年以上十年以下自由刑。

七、实施第一款至第三款规定的诱拐未成年人的行为，受告诉的才能追诉，但刑事追诉机构因追诉有特别的公共利益而依据职权介入的情况除外。

第二百三十六条　贩卖儿童

一、（第一句）严重疏忽照管与教养义务，为获取报酬或为自己或第三人获利而将未满十八周岁的子女、未满十八周岁的被监护人或被照管人长期交付给他人的，处五年以下自由刑或罚金。（第二句）在第一句情况下，长期收留子女、被监护人或被照管人并支付报酬的，根据前款的规定处罚。

二、（第一句）未经授权，为获取报酬或为自己或第三人获利而实施下列行为的，处三年以下自由刑或罚金：

（一）介绍收养未满十八周岁的人；或者

（二）从事中介活动，目的是让第三人长期接收未满十八周岁的人。（第二句）作为收养未满十八周岁的人的介绍人，为获取必要的收养同意而向他人支付报酬的，根据前款的规定处罚。（第三句）在第一句情况下，将被介绍人带入国内或带至外国的，处五年以下自由刑或罚金。

三、本罪的未遂可罚。

四、行为人存在下列情况的，处六个月以上十年以下自由刑：

（一）出于营利动机，常业性犯罪或作为以持续实施此类行为为目的的团伙的成员实施犯罪行为；或者

（二）行为使儿童或被介绍人有显著的身体、心理发展损害危险。

五、对第一款与第三款规定的犯罪的参与人以及第二款与第三款情况下的共犯，如果综合考虑儿童或被介绍人的身体或心理健康，认为其责任轻微的，法院可以依裁量减轻刑罚（本法第四十九条第二款）或免除第一款至第三款规定的刑罚。

第二百三十七条　强制婚姻

一、违法地以暴力或严重危害相威胁强迫他人缔结婚姻，处六个月以上五年以下自由刑。如果就其欲达成的目标而言，以暴力或严重危害相威胁是应受谴责的，则该行为为违法。

二、为实施第一款规定的犯罪，以暴力或严重危害相威胁或以诡计将他人带至本法的空间效力范围之外的地区，或使他人前往该地区或阻止他人从该地区返回的，根据前款的规定处罚。

三、本罪的未遂可罚。

四、情节较轻的，处三年以下自由刑或罚金。

第二百三十八条　非法跟踪

一、未经授权跟踪他人，且以下列方式之一对其日常生活造成严重影响的，处三年以下自由刑或罚金：

（一）寻求与该人的身体接触。

（二）企图通过电信工具、其他通信工具或第三人与该人建立联系。

（三）滥用该人的个人数据：

1. 为其订购商品或服务；或者

2. 促使第三人与该人建立联系。

(四)以伤害其本人、亲属或其他亲近之人的生命、身体完整性、健康或自由的方式威胁该人。

(五)对该人、亲属或其他亲近之人实施本法第二百零二条之a、第二百零二条之b或第二百零二条之c规定的犯罪。

(六)传播或向公众提供该人、亲属或其他亲近之人的图像。

(七)伪装作者身份传播或向公众提供足以使该人受歧视或在社会观念中受贬低的内容(本法第十一条第三款)。或者

(八)实施其他与第一项至第七项相当的行为。

二、情节特别严重的，对行为人处三个月以上五年以下自由刑。情节特别严重原则上是指，行为人：

(一)通过其行为使被害人、亲属或其他亲近之人的健康受损；

(二)通过其行为使被害人、亲属或其他亲近之人有生命危险或严重健康损害危险；

(三)至少在六个月的期间内对被害人实施大量的非法跟踪行为；

(四)在实施第一款第五项规定的行为时使用旨在对他人进行数据窥探的计算机程序；

(五)将实施第一款第五项规定的行为时获得的图像用于实施第一款第六项规定的犯罪行为；

(六)将实施第一款第五项规定的行为时获得的内容(本法第十一条第三款)用于实施第一款第七项规定的犯罪行为；或者

(七)年满二十一周岁，且被害人未满十六周岁。

三、行为人导致被害人、亲属或其他亲近之人死亡的，处一年以上十年以下自由刑。

第二百三十九条　剥夺自由

一、非法拘禁他人或以其他方式剥夺他人自由的，处五年以下自由刑或罚金。

二、本罪的未遂可罚。

三、行为人实施下列行为的，处一年以上十年以下自由刑：

（一）剥夺他人自由超过一星期；或者

（二）通过其犯罪行为或在犯罪时实施的其他行为使被害人受到严重健康损害危险。

四、通过其犯罪行为或在犯罪时实施的其他行为导致被害人死亡的，处三年以上自由刑。

五、在第三款情况下，情节较轻的，处六个月以上五年以下自由刑；在第四款情况下，情节较轻的，处一年以上十年以下自由刑。

第二百三十九条之 a　绑架勒索

一、绑架或控制他人，利用被害人对自己安危的关心或第三人对被害人安危的关心，勒索（本法第二百五十三条）被害人或第三人，或利用他人实施上述行为所造成的状况进行勒索的，处五年以上自由刑。

二、情节较轻的，处一年以上自由刑。

三、行为人对导致被害人死亡至少有重大过失的，处终身自由刑或十年以上自由刑。

四、行为人放弃所要求的赎金而让被害人返回其生活圈的，法院可以根据本法第四十九条减轻刑罚。被害人获释虽不是因行为人的行为，但是行为人为达成目的真挚地作出努力的，仍适用本款规定。

第二百三十九条之 b　绑架人质

一、意图以死亡、严重的身体伤害或超过一周的剥夺自由胁迫被害人或第三人为一定行为，容忍一定行为或不为一定行为而绑架或控制他人，或利用他人实施上述行为所造成的状况进行胁迫的，处五年以上自由刑。

二、参照适用本法第二百三十九条之 a 第二款至第四款的规定。

第二百三十九条之 c　行为监督

在本法第二百三十九条之 a 与第二百三十九条之 b 情况下，法院可以命令将行为人交付行为监督（本法第六十八条第一款）。

第二百四十条　胁迫

一、违法地以施加暴力或严重危害相威胁强迫他人为一定行为，容忍一定行为或不为一定行为的，处三年以下自由刑或罚金。

二、如果就其欲达成的目标而言，以暴力或严重危害相威胁是应受谴责的，则该行为为违法。

三、本罪的未遂可罚。

四、情节特别严重的，处六个月以上五年以下自由刑。情节特别严重原则上是指，行为人：

（一）胁迫孕妇堕胎；或者

（二）滥用公职人员的权力与地位。

第二百四十一条　威胁

一、威胁对被害人本人或其他亲近之人实施针对性自主权、身体完整性、人身自由或有重要意义之物的违法行为的，处一年以下自由刑或罚金。

二、威胁对被害人本人或其他亲近之人实施重罪的，处二年以下自由刑或罚金。

三、知情却欺骗被害人称即将有针对其本人或其他亲近之人实施的重罪的，根据前款的规定处罚。

四、行为系公开实施、在集会中实施或通过传播内容（本法第十一条第三款）实施的，在第一款规定的情况下处二年以下自由刑或罚金，在第二款与第三款情况下处三年以下自由刑或罚金。

五、关于行为人实施威胁犯罪的刑事告诉的相关法条应予适用。

第二百四十一条之a　使他人蒙受基于政治因素的追诉嫌疑

一、通过告发或使他人蒙受嫌疑，而使其基于政治方面的原因而受到追诉，并因此遭受违反法治国家原则的身体伤害或生命危险、自由剥夺或明显妨碍其职业或经济地位的暴力或肆意措施的，处五年以下自由刑或罚金。

二、制作、传播关于他人的上述信息，使其陷入第一款所指的政治迫害危险的，根据前款的规定处罚。

三、本罪的未遂可罚。

四、在他人被告发、蒙受嫌疑或被传播消息的情况下作虚假陈述,或意图招致第一款所指后果而作虚假陈述,或存在其他严重情节的,可处一年以上十年以下自由刑。

第十九章　盗窃与侵占犯罪

第二百四十二条　盗窃

一、意图为自己或第三人非法占有而窃取他人动产的，处五年以下自由刑或罚金。

二、本罪的未遂可罚。

第二百四十三条　加重的盗窃

一、（第一句）盗窃情节特别严重的，处三个月以上十年以下自由刑。（第二句）情节特别严重原则上是指，行为人：

（一）犯罪时以破门、翻越、使用假钥匙或其他非法开锁工具的方式侵入建筑、服务场所、营业场所或其他封闭空间，或隐藏在上述空间内；

（二）盗窃的目标采用上锁的容器或其他特别保护设施以防盗窃；

（三）常业性盗窃；

（四）在教堂或其他从事宗教活动的建筑或空间内盗窃，且所盗窃的目标属于用于供奉神祇或宗教祭祀的物品；

（五）盗窃陈列在向公众开放的展馆的或公开展览中的具有重大科学、历史与科技发展意义的物品；

（六）利用他人的无助状况、事故或公共危险盗窃的；或者

（七）盗窃根据《武器法》需要许可才能获取的轻武器、机关枪、冲锋枪、自动或半自动武器或《军事武器管制法》意义上的包括爆炸物在内的军事武器或爆炸物。

二、实施第一款第二句第一项至第六项规定的行为，如果被盗窃的物品价

值轻微,不作为情节特别严重的情况处理。

第二百四十四条　携带武器盗窃;团伙盗窃;侵入住所盗窃

一、实施下列行为的,处六个月以上十年以下自由刑:

(一)实施盗窃,且本人或其他参与人:

1. 随身携带武器或其他危险器具;

2. 为了通过暴力或暴力威胁阻碍或制服被害人的反抗而随身携带其他器具或工具。

(二)作为与持续实施抢劫或盗窃有关的团伙的成员,在其他团伙成员协助下实施盗窃。

(三)盗窃时以破门、翻越、使用假钥匙或其他非法开锁工具的方式侵入住所,或隐藏在住所内。

二、本罪的未遂可罚。

三、在第一款第一项至第三项情况下,情节较轻的,处三个月以上五年以下自由刑。

四、在第一款第三项规定的侵入住所盗窃中,如果侵入长期有人居住的私人住所,处一年以上十年以下自由刑。

第二百四十四条之 a　加重的团伙盗窃

一、符合本法第二百四十三条第一款第二句规定的条件,或在本法第二百四十四条第一款第一项或第三项规定的情况下,作为以持续实施抢劫或盗窃为目的的团伙的成员,在其他团伙成员协助下实施盗窃的,处一年以上十年以下自由刑。

二、情节较轻的,处六个月以上五年以下自由刑。

三、(删除)

第二百四十五条　行为监督

实施本法第二百四十二条至第二百四十四条之 a 规定的行为,法院可以命令将行为人交付行为监督(本法第六十八条第一款)。

第二百四十六条　侵占

一、意图为自己或第三人非法占有而侵占他人动产的,如果没有其他法条对该行为规定更重的刑罚,处三年以下自由刑或罚金。

二、在第一款情况下,侵占的动产系委托给行为人保管的,处五年以下自由刑或罚金。

三、本罪的未遂可罚。

第二百四十七条　家庭或亲属间盗窃

盗窃与侵占行为的被害人为行为人的亲属、监护人、照管人或与行为人共同过家庭生活的人的,行为受告诉的才能追诉。

第二百四十八条　(删除)

第二百四十八条之a　盗窃或侵占价值轻微之物

实施本法第二百四十二条或第二百四十六条规定的行为,盗窃或侵占的财物价值轻微的,受告诉的才能追诉,但刑事追诉机构因追诉有特别的公共利益而依据职权介入的情况除外。

第二百四十八条之b　未经授权使用交通工具

一、违反权利人的意愿使用机动车辆或自行车的,如果没有其他法条对该行为规定更重的刑罚,处三年以下自由刑或罚金。

二、本罪的未遂可罚。

三、该行为受告诉的才能追诉。

四、本条规定的机动车辆是指以机械力驱动的交通工具,陆路交通工具仅指不与轨道连接的交通工具。

第二百四十八条之c　盗窃电力

一、意图使自己或第三人非法占有电力,使用并非用于设备或设施之上合法抽取电力的导线从上述设备与设施中抽取电力的,处五年以下自由刑或罚金。

二、本罪的未遂可罚。

三、参照适用本法第二百四十七条与第二百四十八条之a的规定。

四、意图对第三人造成损害而实施第一款规定的行为的,处二年以下自由刑或罚金。该行为受告诉的才受追诉。

第二十章　抢劫与勒索犯罪

第二百四十九条　抢劫

一、意图为自己或第三人非法占有，对他人使用暴力或当场以对身体或生命施加危险相威胁而取得他人动产的，处一年以上自由刑。

二、情节较轻的，处六个月以上五年以下自由刑。

第二百五十条　加重的抢劫

一、有下列情况的，处三年以上自由刑：

（一）行为人在抢劫中：

1. 随身携带武器或其他危险器具；

2. 为了通过暴力或暴力威胁阻碍或制服被害人的反抗而随身携带其他器具或工具；

3. 使他人遭受严重健康损害危险；或者

（二）作为以持续实施抢劫或盗窃为目的的团伙的成员，在其他团伙成员协助下实施抢劫的。

二、行为人或其他参与人在抢劫中有下列情况的，处五年以上自由刑：

（一）使用武器或其他危险器具；

（二）实施第一款第二项规定的行为，并随身携带武器；或者

（三）对他人：

1. 进行严重身体虐待，或者

2. 使其遭受死亡危险。

三、在第一款与第二款情况下，情节较轻的，处一年以上十年以下自由刑。

第二百五十一条　导致死亡结果的抢劫

抢劫（本法第二百四十九条与第二百五十条）导致他人死亡且对此至少有重大过失的，处终身自由刑或十年以上自由刑。

第二百五十二条　盗窃转化为抢劫

盗窃时当场被发现，为保护对所窃财物的占有而对他人使用暴力或当场以对身体或生命的危险相威胁的，以抢劫罪论处。

第二百五十三条　勒索

一、为使自己或第三人获取不法利益，违法地以暴力或严重危害相威胁，胁迫他人为一定行为，容忍一定行为或不为一定行为，导致被胁迫人的财产受损或他人蒙受损失的，处五年以下自由刑或罚金。

二、如果就其欲达成的目标而言，以暴力或严重危害相威胁是应受谴责的，则该行为为违法。

三、本罪的未遂可罚。

四、情节特别严重的，处一年以上自由刑。情节特别严重原则上是指，行为人常业性犯本罪或作为与持续实施勒索有关的团伙的成员实施犯罪行为。

第二百五十四条　（删除）

第二百五十五条　勒索转化为抢劫

在勒索时使用暴力或当场以对身体或生命的危险相威胁的，以抢劫罪论处。

第二百五十六条　行为监督

实施本法第二百四十九条至第二百五十五条规定的行为，法院可以命令将行为人交付行为监督（本法第六十八条第一款）。

第二十一章　包庇与窝赃犯罪

第二百五十七条　包庇

一、向实施违法行为的人提供帮助,意图使其获取犯罪所得利益的,处五年以下自由刑或罚金。

二、本罪刑罚不得重于上游犯罪的刑罚。

三、对因参与上游犯罪而应予处罚的人,不再追究包庇罪责任。本款不适用于教唆未参与上游犯罪的人实施包庇行为的情况。

四、当受包庇者作为上游犯罪的正犯或共犯在受告诉、经授权或基于刑罚请求才能追诉时,包庇行为也只能在受告诉、经授权或基于刑罚请求时才能追诉。参照适用本法第二百四十八条之 a 的规定。

第二百五十八条　阻碍刑罚权

一、蓄意或故意阻碍他人因实施违法行为而接受刑法所科处的刑罚或处分(本法第十一条第一款第八项)的全部或部分的,处五年以下自由刑或罚金。

二、蓄意或故意阻碍对他人科处的刑罚或处分的全部或部分的执行的,根据前款的规定处罚。

三、本罪的刑罚不得重于上游犯罪的刑罚。

四、本罪的未遂可罚。

五、企图通过阻碍刑罚权的行为阻碍对其本人科处的刑罚或处分的全部或部分的宣告或执行的,不予处罚。

六、为亲属的利益而实施阻碍刑罚权行为的,不予处罚。

第二百五十八条之 a　利用职权阻碍刑罚权

一、参与刑事程序或处分(本法第十一条第一款第八项)命令程序的公职人员实施本法第二百五十八条第一款规定的犯罪行为,或参与刑罚或处分执行的公职人员实施本法第二百五十八条第二款规定的犯罪行为的,处六个月以上五年以下自由刑;情节较轻的,处三年以下自由刑或罚金。

二、本罪的未遂可罚。

三、在此不适用本法第二百五十八条第三款与第六款的规定。

第二百五十九条　窝赃

一、为使自己或第三人获取不法利益,购买、使自己或第三人获取、销售、帮助销售他人盗窃的或实施其他违法行为获取的他人财物的,处五年以下自由刑或罚金。

二、参照适用本法第二百四十七条与第二百四十八条之 a 的规定。

三、本罪的未遂可罚。

第二百六十条　常业性窝赃;团伙窝赃

一、窝赃时有下列情况的,处六个月以上十年以下自由刑:

(一)常业性窝赃;或者

(二)作为以持续实施抢劫、盗窃或窝赃为目的的团伙的成员实施犯罪行为。

二、本罪的未遂可罚。

三、(删除)

第二百六十条之 a　常业性的团伙窝赃

一、作为以持续实施抢劫、盗窃或窝赃为目的的团伙的成员实施常业性窝赃行为的,处一年以上十年以下自由刑。

二、情节较轻的,处六个月以上五年以下自由刑。

三、(删除)

第二百六十一条　洗钱

一、(第一句)对基于违法行为而获得的物品实施下列行为的,处五年以下自由刑或罚金:

(一)隐匿;

(二)意图阻碍上述物品被发现、没收或调查其来源而调换、转移或隐匿;

(三)为自己或第三人取得;或者

(四)在取得上述物品时已经知道其来源,仍持有或为自己或第三人使用。(第二句)本规定不适用于在第一句第三项与第四项规定的情况下,第三人在没有实施违法行为的情况下事先取得的物品。刑事辩护人为其工作收取报酬而实施第一句第三项或第四项规定的行为的,只有在出于故意且收取报酬时已经知道其来源的情况下才负刑事责任。

二、对第一款所指的属于发现对象、没收对象或来源调查对象的物品进行隐蔽和藏匿的,根据前款的规定处罚。

三、本罪的未遂可罚。

四、根据《洗钱法》第二条承担义务的人实施第一款或第二款规定的行为的,处三个月以上五年以下自由刑。

五、(第一句)情节特别严重的,处六个月以上十年以下自由刑。(第二句)情节特别严重原则上是指,行为人常业性洗钱或作为以持续实施洗钱为目的的团伙的成员实施洗钱行为。

六、(第一句)行为人因重大过失未认识到其行为对象是第一款所指的物品的,处二年以下自由刑或罚金。(第二句)第一句的规定适用于实施第一款第一句第三项或第四项规定的行为的人,但不适用于为工作接受报酬的刑事辩护人。

七、因参与上游犯罪而应予处罚的,只有在将物品投入流通以隐匿其非法来源时才能根据第一款或第六款的规定处罚。

八、下列情况不根据第一款或第六款的规定处罚:

(一)自愿向主管机构告发或自愿促成此类告发,但犯罪在告发时已经全部或部分被发觉,且行为人对此知情或根据对案情的合理评价必须如此认定的情况除外;且

(二)在第一款或第二款规定的情况下,符合第一项规定的条件且保全了物品。

九、基于在国外实施行为所得的物品视为第一款意义上的物品,如果该行为根据德国刑法属于违法行为,且:

(一)在行为地应受刑罚处罚;或者

（二）根据下列法规与欧盟协议应受刑罚处罚：

1. 根据《欧洲联盟条约》第 K.3 条第二款字母 c 起草的 1997 年 5 月 26 日《涉及欧洲共同体公职人员或欧洲联盟成员国公职人员的反腐败公约》第二条或第三条（《联邦法律公报》，2002 Ⅱ，第 2727 页、第 2729 页）；

2. 2002 年 11 月 28 日《关于加强刑事框架以防止为未经授权的入境、过境和居留提供便利的第 2002/946/JI 号理事会框架决议》第一条（《欧盟官方公报》，L 328，2002 年 12 月 5 日，第 1 页）；

3. 2003 年 7 月 22 日《关于打击私营部门腐败的第 2003/568/JI 号理事会框架决议》第二条或第三条（《欧盟官方公报》，L 192，2003 年 7 月 31 日，第 54 页）；

4. 2004 年 10 月 25 日《关于确定非法毒品交易领域犯罪行为的构成要件要素和处罚的最低规定的第 2004/757/JI 号理事会框架决议》第二条或第三条（《欧盟官方公报》，L 335，2004 年 11 月 11 日，第 8 页），经《（欧盟）第 2019/369 号委员会授权指令》（《欧盟官方公报》，L 66，2019 年 3 月 7 日，第 3 页）最后修订；

5. 2008 年 10 月 24 日《关于打击有组织犯罪的第 2008/841/JI 号理事会框架决议》第二条字母 a（《欧盟官方公报》，L 300，2008 年 11 月 11 日，第 42 页）；

6. 2011 年 4 月 5 日《欧洲议会和理事会关于预防和打击人口贩运并保护其受害者并取代理事会第 2002/629/JI 号框架决议的第 2011/36/EU 号指令》第二条或第三条（《欧盟官方公报》，L 1011，2011 年 4 月 15 日，第 1 页）；

7. 2011 年 12 月 13 日《欧洲议会和理事会关于打击对儿童和儿童色情制品的性虐待和性剥削并取代理事会第 2004/68/JI 号框架决议的第 2011/93/EU 号指令》第三条至第八条（《欧盟官方公报》，L 335，2011 年 12 月 17 日，第 1 页；L 18，2012 年 1 月 21 日，第 7 页）；或者

8. 2017 年 3 月 15 日《欧洲议会和理事会关于打击恐怖主义并取代理事会第 2002/475/JI 框架决议与修订理事会第 2005/671/JI 号决议的（欧盟）第 2017/541 号指令》第四条至第九条第一款与第二款字母 b 或第十条至第十四条（《欧盟官方公报》，L 88，2017 年 3 月 13 日，第 6 页）。

十、与犯罪行为有关的物品可以予以没收。在此应适用本法第七十四条之a的规定。本法第七十三条至第七十三条之e的规定的适用不受影响,且优先于本法第七十四条第二款以及其与本法第七十四条之a与第七十四条之c协同规定的有关没收的规定。

第二百六十二条　行为监督

在本法第二百五十九条至第二百六十一条情况下,法院可以命令将行为人交付行为监督(本法第六十八条第一款)。

第二十二章　诈骗与背信犯罪

第二百六十三条　诈骗

一、意图为自己或第三人获取违法的财产利益,通过伪造虚假事实、歪曲或隐匿真实事实而引起或维持错误,致使他人财产遭受损失的,处五年以下自由刑或罚金。

二、本罪的未遂可罚。

三、情节特别严重的,处六个月以上十年以下自由刑。情节特别严重原则上是指,行为人:

(一)常业性诈骗或作为与持续实施伪造文书或诈骗有关的团伙的成员实施诈骗;

(二)导致巨大财产损失或意图持续实施诈骗而给多数人带来财产损失危险;

(三)使他人陷入经济困境;

(四)滥用公职人员或欧洲公职人员的权力与地位;或者

(五)为实施保险诈骗,而由其或第三人将重要价值的财物置于火中使其全部或部分烧毁,或使船只沉没或搁浅。

四、参照适用本法第二百四十三条第二款、第二百四十七条与第二百四十八条之 a 的规定。

五、作为以持续实施本法第二百六十三条至第二百六十四条、第二百六十七条至第二百六十九条规定犯罪为目的的团伙的成员实施常业性诈骗行为的,处一年以上十年以下自由刑;情节较轻的,处六个月以上五年以下自由刑。

六、法院可以命令将行为人交付行为监督(本法第六十八条第一款)。

七、(删除)

第二百六十三条之a　计算机诈骗

一、意图为自己或第三人获取违法的财产利益,通过不正确的编程、使用不正确或不完整的数据、未经授权使用数据或其他未经授权的影响程序运行的手段干扰数据处理的结果,致使他人财产遭受损失的,处五年以下自由刑或罚金。

二、参照适用本法第二百六十三条第二款至第六款的规定。

三、为预备实施第一款规定的行为而实施下列行为的,处三年以下自由刑或罚金:

(一)制作、为自己或他人获取、出售、保存或向他人转让用于实施上述犯罪的计算机程序;或者

(二)制作、为自己或他人获取、出售、保存或向他人转让用于实施上述犯罪的口令或安全密码。

四、在第三款情况下参照适用本法第一百四十九条第二款与第三款的规定。

第二百六十四条　补助金诈骗

一、实施下列行为的,处五年以下自由刑或罚金:

(一)为自己或他人的利益,向负责发放补助金的主管机构或参与补助金发放程序的机构或个人(补助金发放人)就与发放补助金相关的重要事实作不实陈述;

(二)违反法规规定或与补助金发放人规定有关的补助金使用的相关限制,使用属于上述补助金的物品或金钱;

(三)违反法规对补助金发放的规定,使补助金发放人不知悉与补助金相关的具有重要性的事实;或者

(四)在补助金发放程序中,使用通过不正确或不完整的陈述而获取的有关补助资格或对补助金具有重要性的事实的证明。

二、情节特别严重的,处六个月以上十年以下自由刑。情节特别严重原则上是指,行为人:

（一）出于严重的谋取私利意图或使用伪造或变造的证明，为自己或他人获取大额不正当补助金；

（二）滥用公职人员或欧洲公职人员的权力与地位；或者

（三）利用滥用权力与地位的公职人员或欧洲公职人员的协助。

三、参照适用本法第二百六十三条第五款的规定。

四、第一款第二项情况下的未遂可罚。

五、因重大过失而实施第一款第一项至第三项规定的行为的，处三年以下自由刑或罚金。

六、犯罪后自愿阻止补助金发放的，不根据第一款至第五款的规定处罚。补助金未发放虽然不是因为行为人的行为，但行为人自愿并真挚地作出阻止补助金发放的努力的，仍不予处罚。

七、实施第一款至第三款规定的犯罪行为的，除了处一年以上自由刑，法院还可以剥夺行为人担任公职的资格与由公共选举获得权利的资格（本法第四十五条第二款）。与犯罪有关的物品可以予以没收。在此应适用本法第七十四条之a的规定。

八、本条意义上的补助金是指：

（一）根据联邦法律或州法律，从公共基金中拨付给经营单位或企业的款项，且该款项至少部分：

1. 是在不考虑市场因素的情况下发放的；以及

2. 旨在促进经济发展。

（二）根据欧盟法律从公共基金中拨付给经营单位或企业的款项，且至少部分是在不考虑市场因素的情况下发放的。

公营企业视为本款第一句第一项所指的经营单位或企业。

九、第一款意义上的对补助金具有重要性的事实是指：

（一）某项法律规定的事实或补助金发放人根据某项法律认为对补助金具有重要性的事实；或者

（二）根据法律或补助金合同，补助金或补助金利益的批准、发放、撤销、增加或维持所依赖的事实。

第二百六十四条之 a　投资诈骗

一、在下列情况下：

（一）证券发行、认购股份或参与分享作为企业经营成果的股份时；或者

（二）提高对上述股份的投资的要约时；

于招股说明书、陈述或财产状况的调查报告中，就取得或提高股份配额的决定向不特定多数人提供不正确的有利陈述或隐瞒不利事实的，处三年以下自由刑或罚金。

二、如果行为与某项财产的股份有关，而该财产是企业以自己名义管理的他人财产时，参照适用第一款的规定。

三、自愿阻止因犯罪而取得或提高股份配额的给付的，不根据第一款或第二款的规定处罚。未获取给付虽不是因为行为人的行为，但是行为人自愿并真挚地作出阻止获取给付的努力的，仍不予处罚。

第二百六十五条　滥用保险

一、为使自己或第三人获取保险金，针对就损毁、损坏、妨害可用性、遗失或被盗进行投保的物进行损毁、毁坏、妨害其可用性、将其丢弃或转让于他人的，如果不能根据本法第二百六十三条的规定处罚，处三年以下自由刑或罚金。

二、本罪的未遂可罚。

第二百六十五条之 a　骗取给付

一、意图不支付对价而骗取自动贩卖机的给付或用于公共目的的电信网络的服务，或意图不支付对价而乘坐公共交通工具、参加活动、进入设施的，如果其他法条没有对该行为规定更重的刑罚，处一年以下自由刑或罚金。

二、本罪的未遂可罚。

三、参照适用本法第二百四十七条与第二百四十八条之 a 的规定。

第二百六十五条之 b　信贷诈骗

一、为经营单位、企业或虚构的经营单位、企业，在申请批准信贷、保留信贷或改变信贷条件时实施下列行为的，处三年以下自由刑或罚金：

（一）在经济状况方面：

1. 提供不真实或不完整的材料，特别是资产负债表、盈亏账目、资产概要或

评估;或者

2. 提供有利于借贷者的,且对上述信贷决定非常重要的书面陈述是不真实或不完整的。

(二)对在材料或陈述中表述的对上述信贷决定非常重要的经济状况恶化的事实,在提交材料时未予说明。

二、自愿阻止出贷人因犯罪而提供申请的给付的,不根据第一款的规定处罚。未提供给付虽不是因为行为人的行为,但是行为人自愿并真挚地作出阻止提供给付努力的,仍不予处罚。

三、在第一款意义上:

(一)经营单位或企业是指无论经营事项为何,根据其性质或规模而需要以商业方式成立的商业企业;

(二)信贷是指所有类型的资金借贷、承兑信用借贷、货币债券的有偿取得或延期、本票的贴现与支票、接受担保、保证与其他形式的保证。

第二百六十五条之c　体育竞赛诈骗

一、运动员或教练员为了使他人在与体育竞赛有关的公开体育博彩中获取违法财产利益,在体育竞赛中为竞赛对手利益而对竞赛过程或结果施加影响,并以此为自己或他人索要、要求他人承诺给予或接受好处的,处三年以下自由刑或罚金。

二、向运动员或教练员或相关第三人提供、承诺给予或交付好处,促使其在有组织体育竞赛中为竞赛对手利益而对竞赛过程或结果施加影响,由此使他人在与这一体育竞赛有关的公开体育博彩中获取违法财产利益的,根据前款的规定处罚。

三、仲裁员、记分员或裁判员为了使他人在与体育竞赛有关的公开体育博彩中获取违法财产利益,在体育竞赛中以违反规则的方式对竞赛过程或结果施加影响,并以此为自己或他人索要、要求他人承诺给予或接受好处的,处三年以下自由刑或罚金。

四、向仲裁员、记分员或裁判员提供、承诺给予或交付好处,促使其在有组织体育竞赛中以违反规则的方式对竞赛过程或结果施加影响,并由此通过与这一体育竞赛有关的公开体育博彩中获取非法财产利益的，根据前款的规定处罚。

五、本条意义上的有组织体育竞赛，是指国内和国外举办的同时符合下列条件的运动竞赛：

（一）由国家或国际体育组织举办，或受其委托举办，或经其承认而举办；以及

（二）必须遵循由国家或国际体育组织通过的，对其成员组织具有约束力的规则。

六、本条意义上的教练员是指，在运动型竞赛中，决定运动员的部署与指导的人。因其职业或经济地位能对运动员的部署与指导施加重要影响的人，视为教练员。

第二百六十五条之 d　操纵职业体育竞赛

一、运动员或仲裁员在职业体育竞赛中，为竞赛对手的利益以违反竞赛规则的方式对竞赛过程或结果施加影响，并以此为自己或他人索要、要求他人承诺给予或接受好处的，处三年以下自由刑或罚金。

二、在职业体育竞赛中，为竞赛对手的利益以违反竞赛规则的方式对竞赛过程或结果施加影响，向运动员、教练员或第三人提供、承诺给予或交付好处的，根据前款的规定处罚。

三、仲裁员、记分员或裁判员在职业体育竞赛中以违反规则的方式对竞赛过程或结果施加影响，并以此为自己或他人索要、要求他人承诺给予或接受好处的，处三年以下自由刑或罚金。

四、向仲裁员、记分员或裁判员提供、承诺给予或交付好处，以换取其以违反规则的方式对职业体育竞赛的过程或结果施加影响的，根据前款的规定处罚。

五、本条意义上的职业体育竞赛，是指国内和国外举办的同时符合下列条件的运动竞赛：

（一）由德国联邦体育协会或国际体育组织举办，或受其委托举办，或经其承认而举办；

(二)必须遵循由国家或国际体育组织通过的,且对其成员组织具有约束力的规则;以及

(三)主要由意图从竞赛中直接或间接获取相当收入的运动员参加。

六、参照适用本法第二百六十五条之c第六款的规定。

第二百六十五条之e　特别加重的体育竞赛诈骗与操纵职业体育竞赛

在本法第二百六十五条之c与第二百六十五条之d规定的情况下,情节特别严重的,处三个月以上五年以下自由刑。情节特别严重原则上是指:

(一)行为关系到非常重大的利益;或者

(二)行为人是常业性犯罪或作为以持续实施此类行为为目的的团伙的成员实施犯罪行为。

第二百六十六条　背信

一、滥用法律、官方委托或法律行为所授予的处分他人财产或让他人承担义务的权力,或违反法律、官方委托或法律行为所施加的代理他人财产利益的义务,因此使其照管的他人财产利益遭受损失的,处五年以下自由刑或罚金。

二、参照适用本法第二百四十三条第二款、第二百四十七条、第二百四十八条之a与第二百六十三条第三款的规定。

第二百六十六条之a　扣留与侵占劳动报酬

一、雇主扣留员工向代收机构缴纳的包括就业促进金在内的社会保险金的,不论其是否已支付劳动报酬,处五年以下自由刑或罚金。

二、雇主实施下列行为,且由此扣留由其负担的应向代收机构缴纳的包括就业促进金在内的社会保险金的,不论其是否已支付劳动报酬,根据前款的规定处罚:

(一)向负责收取社会保险金的主管机构就与社会保险法上有关的重要事实做不正确或不完整的说明;或者

(二)违反义务使负责收取社会保险金的主管机构不知悉社会保险法上的重要事实。

三、(第一句)雇主扣留员工的应向他人支付的部分劳动报酬,未代替员工向他人支付,且最迟在支付到期日届满时未告知员工或未毫不迟延地告知未向

他人支付的，处五年以下自由刑或罚金。（第二句）第一句的规定不适用于将部分劳动报酬作为工资所得税扣留的情况。

四、情节特别严重的，处六个月以上十年以下自由刑。情节特别严重原则上是指，行为人：

（一）出于严重的谋取私利意图扣留大额款项；

（二）使用仿冒或变造的证明持续地扣留款项；

（三）持续扣留款项，且为了掩盖事实上的劳动关系而从常业性提供此类证明的他人处获取不正确的、仿冒或变造的证明；

（四）作为团伙成员实施扣留或侵占行为，该团伙持续实施扣留行为且为了掩盖事实上的劳动关系而持有不正确的、仿冒或变造的证明；或者

（五）利用滥用权力或地位的公职人员的协助。

五、家庭劳动者、家庭经营者或家庭劳动法意义上的个人的雇佣人，以及中间介绍人，均视为雇主。

六、（第一句）实施第一款与第二款规定的行为，如果雇主最迟在支付到期日届满时或毫不迟延地书面告知代收机构下列情况的，法院可以不根据本条予以处罚：

（一）扣留的款项的数额；以及

（二）尽管其已作出真挚的努力但仍不能按期支付的原因。

（第二句）符合第一句规定的条件，且在代收机构确定的适当期间内缴纳的，对行为人不予处罚。（第三句）在第三款情况下参照适用第一句与第二句的规定。

第二百六十六条之b　滥用支票或信用卡

一、滥用所获得的支票或信用卡，使支票的签发者或信用卡的合法持有者蒙受损失的，处三年以下自由刑或罚金。

二、参照适用本法第二百四十八条之a的规定。

第二十三章　伪造文书犯罪

第二百六十七条　伪造文书

一、为在法律交往中实施欺诈而制作不真实的文书,或变造真实的文书,或使用不真实的或变造的文书的,处五年以下自由刑或罚金。

二、本罪的未遂可罚。

三、情节特别严重的,处六个月以上十年以下自由刑。情节特别严重原则上是指,行为人:

(一)常业性犯罪或作为以持续实施诈骗或伪造文书行为为目的的团伙的成员实施犯罪行为;

(二)造成了特别重大的财产损失;

(三)通过大量不真实的与变造的文书给法律交往造成了严重危害;或者

(四)滥用公职人员或欧洲公职人员的权力与地位。

四、作为以持续实施本法第二百六十三条与第二百六十四条、第二百六十七条至第二百六十九条规定的犯罪行为为目的的团伙成员实施常业性犯罪行为的,处一年以上十年以下自由刑;情节较轻的,处六个月以上五年以下自由刑。

第二百六十八条　伪造技术记录

一、为在法律交往中实施欺诈而实施下列行为的,处五年以下自由刑或罚金:

(一)制作不真实的技术记录或变造真实的技术记录;或者

(二)使用不真实的或变造的技术记录。

二、技术记录是指全部或部分由技术设备自动产生的数据、测量值、计算值、状态或事件经过的呈现，记录的对象能被一般人或专门人员识别，且被确认作为法律上的重要事实的证据，无论这一确认是在制作时确定的还是制作后确定的。

三、行为人通过干扰记录过程影响记录结果的，视为制作不真实的技术记录。

四、本罪的未遂可罚。

五、参照适用本法第二百六十七条第三款与第四款的规定。

第二百六十九条 伪造具有重要证明价值的数据

一、为在法律交往中实施欺诈而存储、改变具有重要证明价值的数据，使他人认为存在不真实的或变造的文书，或使用被存储、经改变的此类数据的，处五年以下自由刑或罚金。

二、本罪的未遂可罚。

三、参照适用本法第二百六十七条第三款与第四款的规定。

第二百七十条 处理数据用于在法律交往中欺诈

在法律交往中对数据处理施加不正确的影响的，视为在法律交往中欺诈。

第二百七十一条 间接伪造文书

一、将对法律或法律关系具有重要性的声明、审理或事实作为已经作出或发生的情况登记或存储在公共文书、簿册、电子文件或登记簿中，但实际上没有作出或发生，或以其他方式作出或发生或由不具有权限的人或由他人登记、登载的，处三年以下自由刑或罚金。

二、在法律交往中利用第一款规定的虚假登载或数据存储的，根据前款的规定处罚。

三、行为人为获取报酬，或意图为自己、第三人获利或损害他人利益而实施上述行为的，处三个月以上五年以下自由刑或罚金。

四、本罪的未遂可罚。

第二百七十二条 （删除）

第二百七十三条　篡改官方证明

一、为在法律交往中实施欺诈，实施下列行为的，如果该行为不受本法第二百六十七条或第二百七十四条的规制，处三年以下自由刑或罚金：

（一）去除、遮盖或隐匿官方证明上登记的内容，使其无法辨识，或去除官方证明上的一页；或者

（二）使用经过变造的上述官方证明。

二、本罪的未遂可罚。

第二百七十四条　隐匿文书；篡改界限标志

一、实施下列行为的，处五年以下自由刑或罚金：

（一）意图使他人遭受损失，损毁、破坏、隐匿不属于或不完全属于自己的文书或技术记录；

（二）意图使他人遭受损失，删除、隐匿、使不可使用、改变不属于或不完全属于自己支配的证明数据*（本法第二百零二条之a第二款）；或者

（三）意图使他人遭受损失，去除、损毁、使无法辨识、移动或错置界石或其他用于确定界限或水位的标志。

二、本罪的未遂可罚。

第二百七十五条　预备伪造官方证明；预备制作不正确的疫苗证明

一、为预备伪造官方证明而制造、为自己或他人获取、出售、保存、向他人转让、输入、输出下列物品的，处二年以下自由刑或罚金：

（一）印版、模具、印刷模组、印刷模板、负片、字模、计算机程序或其他根据其类型足以用于犯罪的类似设备；

（二）与用于制作官方证明且采取特别防伪措施的纸张相同或易混淆的纸张；或者

（三）官方证明文件的样张。

一a、为预备制作不正确的疫苗证明而在空白疫苗接种证明上记录未接种的疫苗，或为自己或他人获取、出售、保存、向他人转让、输入、输出以上述方式

---

* 指可作为证据的数据。——译者注

添加内容的空白疫苗接种证明的，处二年以下自由刑或罚金。

二、行为人常业性犯本罪或作为以持续实施第一款或第一 a 款规定的行为为目的的团伙的成员实施犯罪行为的，处三个月以上五年以下自由刑。

三、参照适用本法第一百四十九条第二款与第三款的规定。

第二百七十六条　获取伪造的官方证明

一、对不真实或伪造的官方证明，或包含本法第二百七十一条与第三百四十八条规定的虚假登载的官方证明，实施下列行为的，处二年以下自由刑或罚金：

（一）输入或输出；或者

（二）意图能够在法律交往中用于欺诈，为自己或他人获取、保存、向他人转让。

二、行为人常业性犯本罪或作为以持续实施第一款规定的行为为目的的团伙的成员实施犯罪行为的，处三个月以上五年以下自由刑。

第二百七十六条之 a　《居留法》意义上的证件、车辆证件

本法第二百七十五条与第二百七十六条的规定同样适用于《居留法》意义上的证件，特别是居留许可与暂缓驱逐许可；也适用于车辆证件，特别是驾驶执照与车辆产权证件。

第二百七十七条　未经授权签发健康证明

一、为在法律交往中实施欺诈而冒充医生或其他经认可的医事人员，签发其本人或他人的健康状况证明的，如果本章其他法条没有对该行为规定更重的刑罚，处一年以下自由刑或罚金。

二、情节特别严重的，处三个月以上五年以下自由刑。情节特别严重原则上是指，行为人常业性犯本罪或作为以持续实施未经授权签发健康证明活动为目的的团伙的成员，从事未经授权签发涉及传染病的疫苗接种证明或测试证明的活动。

第二百七十八条　签发不真实的健康证明

一、为在法律交往中实施欺诈而冒充医生或其他经认可的医事人员，签发关于人的健康状况的不真实证明的，处二年以下自由刑或罚金。

二、情节特别严重的,处三个月以上五年以下自由刑。情节特别严重原则上是指,行为人常业性犯本罪或作为以持续实施签发不真实的健康证明为目的的团伙的成员,签发不真实的涉及传染病的疫苗接种证明或测试证明。

第二百七十九条 使用不真实的健康证明

为在法律交往中实施欺诈而使用本法第二百七十七条与第二百七十八条所指类型的健康证明的,如果本章其他法条没有对该行为规定更重的刑罚,处一年以下自由刑或罚金。

第二百八十条 (删除)

第二百八十一条 滥用证明文件

一、为在法律交往中实施欺诈而使用为他人签发的证明文件,或为在法律交往中实施欺诈而向他人转让并非为其签发的证明文件的,处一年以下自由刑或罚金。本罪的未遂可罚。

二、健康证明以及其他在法律交往中发挥证明作用的证书或文书,视为证明文件。

第二百八十二条 没收

与本法第二百六十七条、第二百六十八条、第二百七十一条第二款与第三款、第二百七十三条、第二百七十六条、第二百七十六条与第二百七十六条之a的协同规定的或第二百七十九条规定的犯罪相关的物品,可以予以没收。在本法第二百七十五条以及其与第二百七十六条之a协同规定的情况下,上述伪造工具应予以没收。

第二十四章　破产犯罪

第二百八十三条　非法破产

一、在面临过度负债、即将进入或已经进入无支付能力状态的情况下，实施下列行为的，处五年以下自由刑或罚金：

（一）隐蔽、藏匿在破产程序开启后属于破产人财产的财物，或以违反正当商业惯例的方式对其进行损毁、破坏或使其不能使用；

（二）以违反正当商业惯例的方式，以商品或有价证券从事亏本交易、投机交易或期货交易，或因不节俭的支出、赌博或博弈而过度支出或负债；

（三）基于信贷而获得商品或有价证券，却以违反通常经济秩序要求的方式，将上述商品或有价证券或利用上述商品制造的其他物品以明显低于其价值的方式出售或交付；

（四）骗取他人权利或承认虚构的权利；

（五）法律上有义务在商业账簿上记载却不予记载，或以使财产状况更难得知的方式记载或改变账目；

（六）在根据《商法》有义务保管商业账簿或其他材料的人应遵循的保管期限届满前，隐蔽、藏匿、损毁、破坏上述材料，使财产状况更难得知；

（七）违反《商法》：

1. 以使财产状况更难得知的方式制作资产负债表，或者

2. 未在规定期间内制作资产负债表或存货清单；或者

（八）以严重违反通常经济秩序要求的方式，减少其财产或隐匿、掩盖其真实的交易关系。

二、通过第一款规定的行为过度负债或使自己无支付能力的，根据前款的规定处罚。

三、本罪的未遂可罚。

四、在下列情况下，处二年以下自由刑或罚金：

(一)在第一款情况下，因过失而未意识到面临过度负债、即将进入或已经进入无支付能力状态；或者

(二)在第二款情况下，因重大过失导致过度负债或无支付能力。

五、在下列情况下，处二年以下自由刑或罚金：

(一)过失实施第一款第二项、第五项或第七项规定的行为，且至少因过失而未意识到面临过度负债、即将进入或已经进入无支付能力状态；或者

(二)过失实施第二款与第一款第二项、第五项或第七项协同规定的行为，且至少因重大过失导致过度负债或无支付能力。

六、只有当行为人停止支付，或对其财产启动破产程序，或启动破产程序的申请因财产余额不满足要求而被驳回时，才能对其进行处罚。

第二百八十三条之 a　加重的破产

实施本法第二百八十三条第一款至第三款规定的行为，情节特别严重的，处六个月以上十年以下自由刑。情节特别严重原则上是指，行为人：

(一)出于贪婪而行为；或者

(二)明知多数人委托给行为人的财产有危险却仍使财产陷入危险或经济困境。

第二百八十三条之 b　违反账簿记载义务

一、实施下列行为的，处二年以下自由刑或罚金：

(一)法律上有义务在商业账簿上记载却不予记载，或以使财产状况更难得知的方式记载或改变记载；

(二)根据《商法》有义务保管商业账簿或其他材料，在有义务保管者应遵循的保管期限届满前，隐蔽、藏匿、损毁、破坏上述材料，使财产状况更难得知；

(三)违反商法：

1. 以使财产状况更难被掌握的方式制作资产负债表，或者

2. 未在规定期间内制作资产结算表或存货清单。

二、过失实施第一款第一项或第三项规定的行为的，处一年以下自由刑或罚金。

三、参照适用本法第二百八十三条第六款的规定。

第二百八十三条之c 偏袒债权人

一、知悉自己无偿债能力，向未提出请求、未以特定方式提出请求或未在特定的时间提出请求的债权人提供担保或清偿，由此蓄意或故意地使某个债权人优先于其他债权人受益的，处二年以下自由刑或罚金。

二、本罪的未遂可罚。

三、参照适用本法第二百八十三条第六款的规定。

第二百八十三条之d 偏袒债务人

一、有下列情况：

（一）明知他人面临无支付能力的危险；或者

（二）在停止支付后，在破产程序中或对他人是否启动破产程序的裁判的程序中；

且在债务人同意或有利于债务人的情况下，隐蔽、藏匿在破产程序启动后属于破产人财产的财物，或以违反通常经济秩序要求的方式对其损毁、破坏或使其不能使用的，处五年以下自由刑或罚金。

二、本罪的未遂可罚。

三、情节特别严重的，处六个月以上十年以下自由刑。情节特别严重原则上是指，行为人：

（一）出于贪婪而行为；或者

（二）明知多数人委托给其的财产有危险却仍使财产陷入危险或经济困境。

四、只有在另一方已停止支付，或已对其财产启动破产程序，或启动破产程序的申请因财产在数量上不满足要求而被驳回时，才能对本罪予以处罚。

第二十五章　应受处罚的自利犯罪

第二百八十四条　未经许可举办赌博活动

一、无官方许可而公开举办赌博活动、经营赌场或提供赌博设施的，处二年以下自由刑或罚金。

二、在习惯性举办赌博活动的社团或封闭性团体中举办的赌博活动，视为公开赌博活动。

三、在第一款情况下，有下列行为的，处三个月以上五年以下自由刑：

（一）常业性举办赌博活动；或者

（二）作为以持续实施此类行为为目的的团伙的成员举办赌博活动。

四、宣传公开赌博活动（第一款与第二款）的，处一年以下自由刑或罚金。

第二百八十五条　参与未经许可举办的赌博活动

参与公开赌博活动（本法第二百八十四条）的，处六个月以下自由刑或一百八十日额以下罚金。

第二百八十六条　没收

在本法第二百八十四条与第二百八十五条情况下，如果行为人在判决时属于正犯或共犯，相关的赌博设施、在赌桌上的以及银行中的赌资应予没收。如果并未适用金钱赌博，可以没收相关物品。在此参照适用本法第七十四条之a的规定。

第二百八十七条　未经许可举办彩券或其他博彩活动

一、无官方许可而公开举办抽奖活动或以动产或不动产为标的的博彩活动，特别是为缔结有关公开抽奖或博彩的赌博合同而发出要约或为缔结上述赌博合同而承诺要约的,处二年以下自由刑或罚金。

二、宣传公开彩券或其他博彩活动(第一款)的,处一年以下自由刑或罚金。

第二百八十八条 妨碍强制执行

一、在面临强制执行时,意图妨碍对债权人的清偿,将自己的财产出售或隐匿的,处二年以下自由刑或罚金。

二、行为受告诉的才能追诉。

第二百八十九条 取回质物

一、为财产所有权人的利益人,以违法意图从用益权人、质权人或其他对物有使用权或留置权的人处取走自己的动产或他人动产的,处三年以下自由刑或罚金。

二、本罪的未遂可罚。

三、行为受告诉的才能追诉。

第二百九十条 未经授权使用质物

公开以质押为业者,未经授权使用被其设定质权的物的,处一年以下自由刑或罚金。

第二百九十一条 不法获取暴利

一、(第一句)利用他人处于困境、无经验、缺乏判断能力或严重的意志薄弱的状态,让该人在下列事项中向自己或他人承诺或给予财产利益:

(一)住所的租赁以及相关的从给付;

(二)提供信贷;

(三)提供其他给付;或者

(四)为上述给付的中介;

且该财产利益与给付或中介行为明显不相称的,处三年以下自由刑或罚金。(第二句)如果给付者、中介者或以其他方式共同协助的人为多数人,且整体财产利益与整体对待给付明显不相称的,第一句的规定适用于任何利用他人的困境或其他弱点为自己或他人获取超量财产利益的人。

二、情节特别严重的,处六个月以上十年以下自由刑。情节特别严重原则

上是指,行为人:

(一)通过其行为使他人陷入经济困境;

(二)常业性犯本罪;或者

(三)通过汇票使自己获取暴利性财产利益的承诺。

第二百九十二条　非法狩猎

一、实施下列行为之一而侵害他人的狩猎权或狩猎行使权的,处三年以下自由刑或罚金:

(一)追踪、捕捉或使自己或第三人获取猎物;或者

(二)使自己或第三人获取、损坏或损毁属于他人狩猎权范围内的物。

二、情节特别严重的,处三个月以上五年以下自由刑。情节特别严重原则上是指,行为:

(一)常业性或习惯性实施非法狩猎行为;

(二)在夜间、禁猎期内使用圈套或其他不符合狩猎规则的方式实施非法狩猎行为;或者

(三)由携带射击武器的多数人共同实施非法狩猎行为。

三、有权在特定狩猎区狩猎的人,即使该区域根据《联邦狩猎法》第六条之a属于被宣布禁猎的区域,但他在该区域的狩猎行为仍属合法,不适用第一款与第二款的规定。

第二百九十三条　非法捕鱼

实施下列行为之一而侵害他人的捕鱼权或捕鱼行使权,处二年以下自由刑或罚金:

(一)捕鱼;或者

(二)使自己或第三人获取、损坏或损毁属于捕鱼权范围内的物。

第二百九十四条　刑事告诉

在本法第二百九十二条第一款与第二百九十三条情况下,如果行为发生在亲属之间或允许行为人在限定范围内狩猎或捕鱼的场所,该行为受告诉的才能追诉。

第二百九十五条 没收

正犯或共犯随身携带的或使用的狩猎与捕鱼工具、猎犬或其他动物,可以予以没收。在此参照适用本法第七十四条之a的规定。

第二百九十六条 (删除)

第二百九十七条 以禁运品对船舶、机动车辆或航空器造成危险

一、在船主或船长不知情,或作为船长在船主不知情的情况下,将下列物品装载于或接收于德国船舶上的,处二年以下自由刑或罚金:

(一)有导致船舶或装载物被扣押或没收(本法第七十四条至第七十四条之f)的危险的物品;或者

(二)有使船主或船长遭受刑罚处罚危险的物品。

二、作为船主,在船长不知情的情况下,将有使船长遭受刑罚处罚危险的物品装载或接收于德国船舶上的,根据前款的规定处罚。

三、第一款第一项的规定同样适用于全部或部分货物在德国境内装载的外国船舶。

四、在机动车辆或航空器上装载或接收物品的情况,参照适用第一款至第三款的规定。机动车辆或航空器的所有者或驾驶员在地位上等同于船主或船长。

第二十六章　针对竞争的犯罪

第二百九十八条　串通投标

一、在与货物或服务相关的招标中，提出以违法协议为基础的报价，意图使举办者接受特定报价的，处五年以下自由刑或罚金。

二、未经公开投标，仅依据事先参与竞争的情况确定中标人的，视为第一款所指的招标。

三、自愿阻止举办者接受投标或提供给付的，不根据第一款以及其与第二款的协同规定处罚。举办者没有接受投标或提供给付虽然不是因为行为人的行为，但行为人自愿并真挚地作出阻止接受投标或提供给付努力的，仍不予处罚。

第二百九十九条　商业往来的受贿与行贿

一、在商业往来中作为企业的职员、受委托人实施下列行为的，处三年以下自由刑或罚金：

（一）为使自己或第三人获利，向他人索要、要求他人承诺或接受他人提供的好处，作为使他人在国内或国外的商品或服务竞争中以不公平的方式获利的对价；或者

（二）没有经过企业同意，为使自己或第三人获利，向他人索要、要求他人承诺或接受他人提供的好处，作为在商品或服务竞争中为或不为一定行为的对价，并因此违反其对企业的义务。

二、在商业往来中对企业的职员、受企业委托之人实施下列行为的，根据前款的规定处罚：

(一)向其或第三人提供、承诺或保证给予好处,作为其在国内或国外的商品或服务竞争中以不公平的方式偏袒他人的对价;或者

(二)没有经过企业同意,向其或第三人提供、承诺或保证给予好处,作为其在商品或服务竞争中为或不为一定行为的对价,并因此违反其对企业的义务。

第二百九十九条之 a 公共卫生事业中的受贿

执业的或佩戴职业标志需要经过国家规定培训的医疗职业人员,在执业相关活动中为自己或第三人索要、要求他人承诺或接受他人提供的好处,作为下列情况下在国内或国外的竞争中以不公平的方式偏袒他人的对价的,处三年以下自由刑或罚金:

(一)开具药品、医疗手段、辅助器械或医事产品的处方;

(二)订购直接由医疗职业人员或其助手使用的药品、医疗手段、辅助器械或医事产品;或者

(三)病人或检查材料的分配。

第二百九十九条之 b 公共卫生事业中的行贿

在执业相关活动中,向本法第二百九十九条之 a 所指的人员或第三人提供、承诺或保证给予好处,作为下列情况下在国内或国外的竞争中以不公平方式偏袒他人的对价的,处三年以下自由刑或罚金:

(一)开具药品、医疗手段、辅助器械或医事产品的处方;

(二)订购直接由医疗职业人员或其助手使用的药品、医疗手段、辅助器械或医事产品;或者

(三)病人或检查材料的分配。

第三百条 加重的在商业往来与公共卫生事业中的受贿与行贿

实施本法第二百九十九条、第二百九十九条之 a 与第二百九十九条之 b 规定的行为,情节特别严重的,处三个月以上五年以下自由刑。情节特别严重原则上是指:

(一)行为关系到非常重大的利益;或者

(二)行为人常业性犯本罪或作为以持续实施此类行为为目的的团伙的成

员实施犯罪行为。

第三百零一条　刑事告诉

一、本法第二百九十九条规定的商业往来中的受贿与行贿，受告诉的才能追诉，但刑事追诉机构因追诉有特别的公共利益而依据职权介入的情况除外。

二、在本法第二百九十九条第一款第一项与第二款第一项所规定的情况下，除被害人之外，第一款规定的告诉权还可以由《反不正当竞争法》第八条第三款第二项与第四项所指的团体与协会行使。

第三百零二条　（删除）

第二十七章　损坏财物的犯罪

第三百零三条　损坏财物

一、违法地损毁或损坏他人财物的，处二年以下自由刑或罚金。

二、未经授权对他人财物的外观进行重大性或永久性改变的，根据前款的规定处罚。

三、本罪的未遂可罚。

第三百零三条之 a　改变数据

一、违法地删除、隐匿、改变数据（本法第二百零二条之 a 第二款），或使其不能使用的，处二年以下自由刑或罚金。

二、本罪的未遂可罚。

三、预备实施犯罪的，参照适用本法第二百零二条之 c 第一款的规定。

第三百零三条之 b　干扰计算机

一、以下列方式严重干扰对他人具有重要意义的数据处理的，处三年以下自由刑或罚金：

（一）实施本法第三百零三条之 a 第一款规定的行为；

（二）意图使他人遭受不利而输入或传输数据（本法第二百零二条之 a 第二款）；或者

（三）损毁、损坏、颠覆、改变数据处理装置或数据存储装置，或使其不能使用。

二、行为涉及对其他的经营单位、企业或官方机构具有重要意义的数据处理的，处五年以下自由刑或罚金。

三、本罪的未遂可罚。

四、在第二款规定的情况下，情节特别严重的，处六个月以上十年以下自由刑。情节特别严重原则上是指，行为人：

（一）造成了非常重大的财产损失；

（二）常业性犯本罪或作为以持续实施干扰计算机行为为目的的团伙的成员实施犯罪行为；或者

（三）通过其行为妨害居民生活所需的物品与服务的供应或危害德意志联邦共和国的安全。

五、预备实施犯罪的，参照适用本法第二百零二条之c第一款的规定。

第三百零三条之c 刑事告诉

实施本法第三百零三条、第三百零三条之a第一款与第二款以及第三百零三条之b第一款至第三款规定的行为，受告诉的才能追诉，但刑事追诉机构因追诉有特别的公共利益而依据职权介入的情况除外。

第三百零四条 损坏公共财物

一、损坏或损毁国内宗教团体的崇拜之物、礼拜之物，或墓碑、公共纪念碑、自然遗迹，或陈列在向公众开放的展馆或公开展览中的艺术、科学或手工物品，或供公共使用的物品，或用于美化公共道路、广场或设施的物品的，处三年以下自由刑或罚金。

二、未经授权对第一款所指的物品的外观进行重大性或永久性改变的，根据前款的规定处罚。

三、本罪的未遂可罚。

第三百零五条 损毁建筑物

一、违法地全部或部分损毁属于他人的大楼、船舶、桥梁、堤坝、建成的道路、铁路或其他建筑物的，处五年以下自由刑或罚金。

二、本罪的未遂可罚。

第三百零五条之a 损毁重要工作设备

一、违法地全部或部分损毁下列工作设备的，处五年以下自由刑或罚金：

（一）属于他人的，并对用于建造本法第三百一十六条之b第一款第一项或第二项所指的设施或企业具有重要价值的技术工作设备，或对用于运营或处置上述设施或企业具有重要意义的他人的技术工作设备；

（二）对警察、国防军、消防队、救灾组织或急救服务具有重要价值的技术工作设备；或者

（三）警察、国防军、消防队、救灾组织或急救服务的机动车辆。

二、本罪的未遂可罚。

第二十八章　危害公共安全犯罪

第三百零六条　放火

一、对他人的下列之物放火并烧毁其全部或部分的，处一年以上十年以下自由刑：

（一）建筑物或房舍；

（二）工厂厂房或技术设施，特别是机器；

（三）仓库及其存货；

（四）机动车辆，铁路、航空或水路交通工具；

（五）森林、草原、沼泽；或者

（六）农业、食品或林业的设施或产品。

二、情节较轻的，处六个月以上五年以下自由刑。

第三百零六条之 a　加重的放火

一、对下列之物放火并烧毁其全部或部分的，处一年以上自由刑：

（一）建筑物、船舶、房舍或其他供人居住的空间；

（二）教堂或其他用于宗教活动的建筑物；或者

（三）临时供人居住，且放火时有人居住的空间。

二、对本法第三百零六条第一款第一项至第六项规定之物放火并烧毁其全部或部分且使他人有健康损害危险的，根据前款的规定处罚。

三、在第一款与第二款情况下，情节较轻的，处六个月以上五年以下自由刑。

第三百零六条之 b　特别严重的放火

一、实施本法第三百零六条或第三百零六条之 a 规定的放火行为，造成他人严重健康损害或多数人健康损害的，处二年以上自由刑或罚金。

二、在本法第三百零六条之a规定的情况下，行为人实施下列行为的，处五年以上自由刑或罚金：

（一）使他人有严重健康损害危险；

（二）意图为另一犯罪行为提供便利或使其得以掩盖；或者

（三）妨碍救火或增加救火困难。

第三百零六条之c　导致死亡结果的放火

行为人实施本法第三百零六条至第三百零六条之b规定的放火行为导致他人死亡，而且至少对死亡结果有严重过失的，处十年以上自由刑。

第三百零六条之d　过失放火

一、过失实施本法第三百零六条第一款或第三百零六条之a第一款规定的行为，或在本法第三百零六条之a第二款规定的情况下过失引发火灾危险的，处五年以下自由刑或罚金。

二、过失实施本法第三百零六条之a第二款规定的行为，并过失引发火灾危险的，处三年以下自由刑或罚金。

第三百零六条之e　主动悔罪

一、在本法第三百零六条、第三百零六条之a与第三百零六条之b规定的情况下，行为人在严重损害结果发生前自愿灭火的，法院可以依裁量减轻刑罚（本法第四十九条第二款）或不根据这些法条予以处罚。

二、在严重损害结果发生前自愿灭火的，不根据本法第三百零六条之d的规定处罚。

三、虽然没有行为人的行为也能在严重损害结果发生前灭火，但行为人为实现这一目的自愿并真挚地作出努力的，仍视为主动悔罪。

第三百零六条之f　导致火灾危险

一、吸烟、使用明火、丢弃正在燃烧或燃烧未尽的物品或以其他方式导致下列场所、设施或物品遭受火灾危险的，处三年以下自由刑或罚金：

（一）容易发生火灾危险的营业场所或设施；

（二）存放农产品、食品的营业场所或者设施；

(三)森林、草原或沼泽;或者

(四)已耕农田或存放在那里的易燃农产品。

二、导致第一款第一项至第四项规定之物遭受火灾危险,或使他人的身体或生命或他人具有重大价值的财物遭受火灾危险的,根据前款的规定处罚。

三、过失实施第一款规定的放火,或过失导致第二款规定的危险的,处一年以下自由刑或罚金。

第三百零七条　导致核能爆炸

一、着手释放核能导致爆炸,使他人的身体、生命或他人具有重大价值的财物遭受危险的,处五年以上自由刑。

二、过失释放核能导致爆炸,使他人的身体、生命或他人具有重大价值的财物遭受危险的,处一年以上十年以下自由刑。

三、行为人的行为导致他人死亡,且对此至少有重大过失时:

(一)在第一款情况下处终身自由刑或十年以上自由刑;

(二)在第二款情况下处五年以上自由刑。

四、过失实施第二款规定的行为,并过失引发危险的,处三年以下自由刑或罚金。

第三百零八条　导致爆炸物爆炸

一、通过释放核能以外的方式,特别是通过爆炸物导致爆炸,使他人的身体、生命或他人具有重大价值的财物遭受危险的,处一年以上自由刑。

二、行为人的行为造成他人严重健康损害或多数人健康损害的,处二年以上自由刑。

三、行为人的行为导致他人死亡,且对此至少有重大过失的,处终身自由刑或十年以上自由刑。

四、在第一款情况下,情节较轻的,处六个月以上五年以下自由刑;在第二款情况下,情节较轻的,处一年以上十年以下自由刑。

五、过失导致第一款规定的危险的,处五年以下自由刑或罚金。

六、过失实施第一款规定的行为,并过失引发危险的,处三年以下自由刑或罚金。

第三百零九条 滥用电离辐射

一、意图损害他人健康而着手实施使他人暴露于电离辐射下的行为，足以损害他人健康的，处一年以上十年以下自由刑。

二、行为人着手实施使不特定多数人暴露于电离辐射下的行为的，处五年以上自由刑。

三、实施第一款规定的行为，并造成他人严重健康损害或多数人健康损害的，处二年以上自由刑。

四、行为人的行为导致他人死亡，且对此至少有重大过失的，处终身自由刑或十年以上自由刑。

五、在第一款情况下，情节较轻的，处六个月以上五年以下自由刑；在第二款情况下，情节较轻的，处一年以上十年以下自由刑。

六、基于下列意图：

（一）使他人具有重大价值的物品不能使用；

（二）持续使水体、空气或土地恶化变质；或者

（三）损害不属于其本人的动物或植物；

而将物品、水体、空气、土地、动物或植物暴露于电离辐射下，足以妨碍对其的使用，使其变质或遭受损害的，处五年以下自由刑。本罪的未遂可罚。

第三百一十条 预备实施爆炸物或电离辐射重罪

一、预备实施下列行为：

（一）本法第三百零七条第一款或第三百零九条第二款规定的着手行为；

（二）通过爆炸物实施第三百零八条第一款规定的犯罪行为；

（三）本法第三百零九条第一款规定的犯罪行为；或者

（四）本法第三百零九条第六款规定的犯罪行为；

而制作、为自己或他人获取、保存、向他人转让核材料、其他放射性物质、爆炸物或实施上述行为所需设施的，在第一项情况下处一年以上十年以下自由刑，在第二项与第三项情况下处六个月以上五年以下自由刑，在第四项情况下处三年以下自由刑或罚金。

二、在第一款第一项情况下，情节较轻的，处六个月以上五年以下自由刑。

三、第一款第三项与第四项情况下的未遂可罚。

第三百一十一条　释放电离射线

一、违反管理义务(本法第三百三十条之d第一款第四项与第五项、第二款):

(一)释放电离射线;或者

(二)引发核裂变过程;

足以对他人的身体、生命、或他人具有重大价值的财物造成损害或对动物、植物、水体、空气或土地造成明显损害的,处五年以下自由刑或罚金。

二、本罪的未遂可罚。

三、过失实施下列行为的,处二年以下自由刑或罚金:

(一)在运营设施,特别是厂房内实施第一款规定的行为,足以对设施外的区域造成损害;或者

(二)违反管理义务,实施第一款规定的其他行为。

第三百一十二条　制造有缺陷的核技术设施

一、制造或运输有缺陷的核技术设施(本法第三百三十条之d第二款)或确定用于建设、运营上述设施的物品,由此给他人的身体、生命、他人具有重大价值的财物带来与核裂变过程或放射性材料辐射有关的危险的,处三个月以上五年以下自由刑。

二、本罪的未遂可罚。

三、行为人的行为造成他人严重健康损害或多数人健康损害的,处一年以上十年以下自由刑。

四、行为人的行为导致他人死亡的,处三年以上自由刑。

五、在第三款情况下,情节较轻的,处六个月以上五年以下自由刑;在第四款情况下,情节较轻的,处一年以上十年以下自由刑。

六、在第一款情况下过失导致下列结果,处三年以下自由刑或罚金:

(一)过失引发危险;或者

(二)因重大过失而实施行为,且过失引发危险。

第三百一十三条　决水

一、实施决水行为，由此使他人的身体、生命或他人具有重大价值的财物遭受危险的，处一年以上十年以下自由刑。

二、参照适用本法第三百零八条第二款至第六款的规定。

第三百一十四条　危害公共安全的投毒

一、有下列行为的，处一年以上十年以下自由刑：

（一）向被控制的泉水、水井、水管或饮用水存储器中的水投放有毒物质或其他危害健康的物质；

（二）向用于公开销售或使用的物品投放有毒物质或其他危害健康的物质，或将含有这种有毒物质或其他危害健康的物质的物品出售、转卖或以其他方式投入流通领域。

二、参照适用本法第三百零八条第二款至第四款的规定。

第三百一十四条之a　主动悔罪

一、在本法第三百零七条第一款与第三百零九条第二款规定的情况下，如果行为人自愿放弃进一步实施犯罪行为或以其他方式排除危险，法院可以依裁量减轻刑罚（本法第四十九条第二款）。

二、法院可以在下列情况下依裁量减轻应科处的刑罚（本法第四十九条第二款）或不根据这些法条予以处罚：

（一）在本法第三百零九条第一款或第三百一十四条第一款情况下，自愿放弃进一步实施犯罪行为或以其他方式排除危险；或者

（二）实施下列规定中的行为，在重大损害结果发生前自愿阻止危险的：

1. 本法第三百零七条第二款；

2. 本法第三百零八条第一款与第五款；

3. 本法第三百零九条第六款；

4. 本法第三百一十一条第一款；

5. 本法第三百一十二条第一款与第六款第一项；

6. 本法第三百一十三条，以及其与第三百零八条第五款的协同规定。

三、在下列情况下不予处罚：

(一)实施下列规定中的行为，于重大损害结果发生前自愿阻止危险的：

1. 本法第三百零七条第四款；

2. 本法第三百零八条第六款；

3. 本法第三百一十一条第三款；

4. 本法第三百一十二条第六款第二项；

5. 本法第三百一十三条第二款与第三百零八条第六款的协同规定。

(二)在本法第三百一十条情况下自愿放弃进一步实施犯罪行为或以其他方式排除危险。

四、虽然没有行为人的行为也能阻止危险，但行为人为达成目的真挚地作出努力的，仍适用本规定。

第三百一十五条　危害铁路、水路、航空安全

一、以下列方式危害交通轨道、悬空缆车、水路或航空交通安全，由此使他人的身体、生命或他人具有重大价值的财物遭受危险的，处六个月以上十年以下自由刑：

(一)损毁、损坏或颠覆交通设施或运输工具；

(二)设置障碍；

(三)提供错误标志或信号；或者

(四)其他类似的侵害安全行为。

二、本罪的未遂可罚。

三、行为人有下列情况之一的，处一年以上自由刑：

(一)出于下列意图实施行为：

1. 引发事故；或者

2. 使另一犯罪行为得以实施或掩盖；或者

(二)行为造成他人严重健康损害或多数人健康损害。

四、在第一款情况下，情节较轻的，处三个月以上五年以下自由刑；在第三款情况下，情节较轻的，处六个月以上五年以下自由刑。

五、在第一款情况下过失引发危险的，处五年以下自由刑或罚金。

六、在第一款情况下过失实施行为且过失引发危险的，处二年以下自由刑或罚金。

第三百一十五条之 a　危害铁路、水路、航空安全

一、实施下列行为，由此使他人的身体、生命、他具有重大价值的财物遭受危险的，处五年以下自由刑或罚金：

（一）由于饮用酒精饮料或使用其他麻醉品，或因精神或身体缺陷不能安全驾驶，却仍驾驶有轨交通工具、悬空缆车、船舶或航空器；或者

（二）前述交通工具的驾驶员或对交通工具的安全负有责任的人，严重违反法定的保障有轨交通工具、悬空缆车、船舶或航空器安全运行的义务。

二、第一款第一项情况下的未遂可罚。

三、实施第一款规定的行为且存在下列情况的，处二年以下自由刑或罚金：

（一）故意实施行为但过失引发危险；或者

（二）过失实施行为且过失引发危险。

第三百一十五条之 b　危害道路交通安全

一、以下列方式危害道路交通安全，由此使他人的身体、生命、他人具有重大价值的财物遭受危险的，处五年以下自由刑或罚金：

（一）损毁、损坏交通设施或运输工具，或使其发生颠覆；

（二）设置障碍；或者

（三）其他类似的危害安全行为。

二、本罪的未遂可罚。

三、行为人的行为符合本法第三百一十五条第三款规定的条件的，处一年以上十年以下自由刑；情节较轻的，处六个月以上五年以下自由刑。

四、实施第一款规定的行为，过失引发危险的，处三年以下自由刑或罚金。

五、过失实施第一款规定的行为，且过失引发危险的，处二年以下自由刑或罚金。

第三百一十五条之 c　危害道路交通安全

一、在道路交通中有下列行为之一，使他人的身体、生命、他具有重大价值的财物遭受危险的，处五年以下自由刑或罚金：

（一）尽管有下列情况不能安全驾驶，仍驾驶车辆：

1. 饮用酒精饮料或使用其他麻醉品；或者

2. 具有精神或身体缺陷；或者

（二）严重违反交通规则且鲁莽地：

1. 未注意先行权；

2. 不当超车或在超车道不当行驶；

3. 在人行横道附近不当行驶；

4. 在能见度低的地方、十字路口、交叉路口或铁路道口超速行驶；

5. 在能见度低的地方未能在道路右侧停车；

6. 在高速公路或主干道上转弯、倒车、逆行，或企图实施前述行为；或者

7. 未使停车或抛锚的车辆在确保交通安全所必须具备的距离处被识别。

二、第一款第一项情况下的未遂可罚。

三、实施第一款规定的行为并存在下列情况的，处二年以下自由刑或罚金：

（一）过失引发危险；或者

（二）过失实施行为且过失引发危险。

第三百一十五条之 d　机动车辆竞驶

一、在道路交通中，实施下列行为的，处二年以下自由刑或罚金：

（一）未经许可筹备或举办机动车辆竞驶活动；

（二）作为机动车辆驾驶员参加未经许可的机动车辆竞驶活动；或者

（三）作为机动车辆驾驶员，为了达到最高速度，违反交通规则并以不适当的速度鲁莽行驶。

二、在第一款第二项或第三项情况下，使他人的身体、生命、他人具有重大价值的财物遭受危险的，处五年以下自由刑或罚金。

三、第一款第一项情况下的未遂可罚。

四、在第二款情况下过失引发危险的，处三年以下自由刑或罚金。

五、在第二款规定的情况下，造成他人严重健康损害或多数人健康损害的，处一年以上十年以下自由刑，情节较轻的，处六个月以上五年以下自由刑。

第三百一十五条之 e　道路交通中的有轨交通工具

有轨交通工具参与道路交通的，应适用保护道路交通的法条（本法第三百一十五条之 b 与第三百一十五条之 c）。

第三百一十五条之 f　没收

与本法第三百一十五条之 d 第一款第二项、第三项，第二款，第四款或第五款规定的行为有关的机动车辆可以予以没收。在此参照适用本法第七十四条之 a 的规定。

第三百一十六条　醉酒驾驶

一、因饮用酒精饮料或使用其他麻醉品而不能安全驾驶，仍在交通中（本法第三百一十五条至第三百一十五条之 e）驾驶机动车的，如果该行为不受第三百一十五条之 a 或第三百一十五条之 c 的规制，处一年以下自由刑或罚金。

二、过失实施第一款规定的行为的，也应予以处罚。

第三百一十六条之 a　为抢劫而攻击驾驶员

一、为实施抢劫（本法第二百四十九条或第二百五十条），盗窃转化为抢劫（本法第二百五十二条）或勒索转化为抢劫（本法第二百五十五条），利用道路交通的特殊情况攻击机动车辆驾驶员或乘客，侵害其身体、生命或剥夺其决定自由的，处五年以上自由刑。

二、情节较轻的，处一年以上十年以下自由刑。

三、对导致被害人死亡至少有重大过失的，处终身自由刑或十年以上自由刑。

第三百一十六条之 b　妨害公共运营

一、对于下列企业或设施的运营，以损毁、损坏、颠覆、改变、使其不能使用或剥夺其需要的电力的方式加以妨碍或干扰的，处五年以下自由刑或罚金：

（一）提供公共邮政或公共运输服务的企业或设施；

（二）提供公共饮水、照明、热力、动力以及其他对居民生活有重要功能的企业或设施；或者

（三）服务公共安全与秩序的设备或设施。

二、本罪的未遂可罚。

三、情节特别严重的,处六个月以上十年以下自由刑。情节特别严重原则上是指,行为人的行为妨害居民生活所需的物品与服务,特别是饮水、照明、热力、动力的供应。

第三百一十六条之c　危害空中与海上交通安全

一、实施下列行为之一的,处五年以上自由刑:

(一)使用暴力、侵害他人决定自由或其他方式,夺取下列交通工具的控制权或影响其航行:

1. 用于民用航空、正在飞行中的航空器;或者

2. 用于民用海上交通的船舶;或者

(二)意图损毁、损坏上述航空器、船舶或其上的装载物而使用射击武器或着手实施爆炸或放火。

机组成员、乘客已经登记或已经开始装载货物,或机组成员、乘客尚未按照计划离开,或尚未按照计划结束卸货的航空器,视为正在飞行中的航空器。

二、情节较轻的,处一年以上十年以下自由刑。

三、对导致被害人死亡至少有重大过失的,处终身自由刑或十年以上自由刑。

四、为准备实施第一款规定的犯罪行为而制作、为自己或他人获取、保存或向他人转让射击武器、爆炸物或其他能够引起爆炸或火灾的物品或器具的,处六个月以上五年以下自由刑。

第三百一十七条　干扰电信设施

一、为妨碍或干扰服务公共目的的电信设施的运营,对用于运营的物品损毁、损坏、颠覆、改变,使其不能使用或剥夺其需要的电力的,处五年以下自由刑或罚金。

二、本罪的未遂可罚。

三、过失犯本罪的,处一年以下自由刑或罚金。

第三百一十八条　损坏重要设施

一、损毁或损坏水管、水闸、堰、堤、坝或其他水利设施,或桥梁、渡轮、道路或舷墙,或采矿作业中用于排水、通风、运送人员进出的设施,由此给他人的身

体或生命造成危险的，处三个月以上五年以下自由刑。

二、本罪的未遂可罚。

三、行为人的行为造成他人健康严重受损或多数人健康受损的，处一年以上十年以下自由刑。

四、行为人的行为导致他人死亡的，处三年以上自由刑。

五、在第三款情况下，情节较轻的，处六个月以上五年以下自由刑；在第四款情况下，情节较轻的，处一年以上十年以下自由刑。

六、在第一款前提下存在下列情况，处三年以下自由刑或罚金：

(一)过失引发危险；或者

(二)过失实施行为，且过失引发危险。

第三百一十九条　危害建筑物

一、在规划、指挥或实施建筑物的建造或拆除时，违反公认的技术规则，由此给他人的身体或生命造成危险的，处五年以下自由刑或罚金。

二、在职业或行业工作中，在设计、指挥或实施有关在建筑物中安装技术设施或改装已安装的此类设施的计划时，违反公认的技术规则，由此给他人的身体或生命造成危险的，根据前款的规定处罚。

三、过失造成危险的，处三年以下自由刑或罚金。

四、在第一款与第二款情况下过失实施行为且过失导致危险的，处二年以下自由刑或罚金。

第三百二十条　主动悔罪

一、在本法第三百一十六条之c第一款情况下，如果行为人自愿放弃进一步实施犯罪行为或以其他方式阻止犯罪结果发生，法院可以依裁量减轻刑罚(本法第四十九条第二款)。

二、如果行为人在重大损害结果发生前自愿阻止危险，法院可以依裁量减轻下列条款中规定的处罚(本法第四十九条第二款)或不根据这些条款予以处罚：

(一)本法第三百一十五条第一款、第三款第一项或第五款；

(二)本法第三百一十五条之b第一款、第三款、第四款，以及第三款与第三百一十五条第三款第一项的协同规定；

（三）本法第三百一十八条第一款或第六款第一项；

（四）本法第三百一十九条第一款至第三款。

三、在下列情况下不予处罚：

（一）在下列条款规定的情况下，于重大损害结果发生前自愿阻止危险的：

1. 本法第三百一十五条第六款；

2. 本法第三百一十五条之b第五款；

3. 本法第三百一十八条第六款第二项；

4. 本法第三百一十九条第四款；或者

（二）在本法第三百一十六条之c第四款情况下自愿放弃进一步实施犯罪行为或以其他方式排除危险。

四、虽然没有行为人的行为也能排除危险或阻止犯罪结果发生，但行为人为实现这一目的自愿并真挚地作出努力的，仍视为主动悔罪。

第三百二十一条　行为监督

实施本法第三百零六条至第三百零六条之c、第三百零七条第一款至第三款、第三百零八条第一款至第三款、第三百零九条第一款至第四款、第三百一十条第一款、第三百一十六条之c第一款第二项规定的行为，法院可以命令将行为人交付行为监督（本法第六十八条第一款）。

第三百二十二条　没收

实施本法第三百零六条至第三百零六条之c、第三百零七条至第三百一十四条或第三百一十六条之c规定的行为的，下列物品可以予以没收：

（一）通过犯罪获得的物品、为实施或预备犯罪而使用或预定供此使用的物品；以及

（二）与本法第三百一十条至第三百一十二条、第三百一十四条或第三百一十六条之c规定的犯罪有关的物品。

第三百二十三条　（删除）

第三百二十三条之a　昏醉状态下的违法行为

一、故意或过失地服用酒精饮料或使用其他麻醉品使自己进入昏醉状态，

并在处于这一状态时实施违法行为,因处于昏醉状态而无责任能力或不能排除无责任能力的,处五年以下自由刑或罚金。

二、刑罚不得超过在昏醉状态下实施的犯罪的刑罚。

三、昏醉状态下实施的犯罪受告诉、授权或请求才能追诉的,本行为只有受告诉、授权或请求才能追诉。

第三百二十三条之 b 妨害戒瘾治疗

在明知的情况下,未经戒瘾机构主管或受委托人的许可,向根据官方命令或非自愿而被收容于戒瘾机构接受治疗的人提供、转让酒精饮料或其他麻醉品,或唆使其服用此类物质的,处一年以下自由刑或罚金。

第三百二十三条之 c 见危不救;阻碍他人救助

一、在事故、公共危险或紧急事件发生时,尽管存在救助需要且根据情况可以期待行为人提供救助,特别是给予救助不会对行为人造成重大危险或使其违反其他重要义务,但行为人仍不予救助的,处一年以下自由刑或罚金。

二、在前款规定的情况下,阻止他人正在实施的或意欲实施的救助第三人的行为,根据前款的规定处罚。

第二十九章　针对环境的犯罪

第三百二十四条　污染水体

一、未经授权污染水体或对水质作消极的改变的，处五年以下自由刑或罚金。

二、本罪的未遂可罚。

三、过失实施本罪的，处三年以下自由刑或罚金。

第三百二十四条之 a　污染土地

一、违反行政法上的义务，向土地投放、排放或释放物质，且有下列情况，由此污染土地或对土质作消极的改变的，处五年以下自由刑或罚金：

（一）投放、排放或释放的是足以对动物、植物、他人的健康或具有重大价值的财物造成损害的物质；或者

（二）污染的范围较大。

二、本罪的未遂可罚。

三、过失实施本罪的，处三年以下自由刑或罚金。

第三百二十五条　污染空气

一、在运营设施，特别是厂房或机器时，违反行政法上的义务，造成设施内空气质量改变，足以对设施范围之外的动物、植物、他人健康或具有重大价值的财物造成损害的，处五年以下自由刑或罚金。本罪的未遂可罚。

二、违反行政法上的义务，在运营设施，特别是厂房或机器时，将有害物质排放至设施范围之外的空气中，范围较大的，处五年以下自由刑或罚金。

三、违反行政法上的义务将有害物质排放至空气中，污染范围较大的，如果

该行为不受第二款规定的刑罚的规制,处三年以下自由刑或罚金。

四、行为人过失实施第一款与第二款规定的行为的,处三年以下自由刑或罚金。

五、行为人因重大过失实施第三款规定的行为的,处一年以下自由刑或罚金。

六、第二款与第三款意义上的有害物质,是指:

(一)足以对动物、植物、他人的健康或具有重大价值的财物造成损害的物质;或者

(二)持续污染水体、土地、空气或使水体、土地、空气的质量发生消极改变的物质。

七、第一款的规定,以及其与第四款的协同规定,不适用于机动车辆、有轨交通工具、航空器与水路交通工具。

第三百二十五条之 a　造成噪音、震动或非电离辐射

一、违反行政法上的义务,在运营设施,特别是厂房或机器时制造噪音,足以对设施范围之外的他人健康造成损害的,处三年以下自由刑或罚金。

二、在运营设施,特别是厂房或机器时,违反行政法上避免噪音、震动或非电离辐射造成侵害的义务,危害他人健康、他人所有的动物或他人具有重大价值的财物的,处三年以下自由刑或罚金。

三、过失实施:

(一)第一款规定的行为,处二年以下自由刑或罚金;

(二)第二款规定的行为,处三年以下自由刑或罚金。

四、第一款至第三款的规定,不适用于机动车辆、有轨交通工具、航空器与水路交通工具。

第三百二十六条　未经允许处理废物

一、未经授权,在得到许可的设施之外或严重违背法律规定的程序、得到许可的程序,收集、运输、处理、利用、存储、堆放、排放、清除、交易、居中介绍或以其他方式经营具有下列情况之一的废物的,处五年以下自由刑或罚金:

(一)包含毒素或可传染人或动物的具有公共危险的病原体。

(二)对人类具有致癌性,或足以危害人类生殖能力或改变基因。

(三)有爆炸危险、自燃性或非微量放射性。或者

(四)根据其种类、性质和数量,足以:

1. 持续污染水体、土地或空气或引起其质量发生消极改变;或者

2. 危害动物或植物的存续。

二、违反禁令或未获得必要的批准而将第一款所指的废物带入、带出或经过本法的空间效力范围的,根据前款的规定处罚。

三、违反行政法上的义务,未将放射性废物运走的,处三年以下自由刑或罚金。

四、第一款或第二款情况下的未遂可罚。

五、过失实施行为的:

(一)在第一款与第二款情况下处三年以下自由刑或罚金;

(二)在第三款情况下处一年以下自由刑或罚金。

六、因废物数量不大,对环境,特别是对人、水体、空气、土地、家畜或农作物的有害影响明显轻微的,不予处罚。

第三百二十七条　未经允许运营设施

一、未经必要的批准或违反下列可执行的禁令之一的,处五年以下自由刑或罚金:

(一)运营核设施、占有已运营或停止运营的核设施,或完全、部分拆除前述设施或改变其运营;或者

(二)对使用核燃料的厂房及其位置做重要改变。

二、未依法获取的必要的批准或方案确认,或违反法律规定的可执行的禁令,运营下列设施的,处三年以下自由刑或罚金:

(一)需要批准的设施或为避免危险而禁止运营的《联邦污染防治法》中所规定的其他设施;

(二)需要批准的,用来运输《环境承载力评估法》中规定的危害水体物质的管道设施;

(三)《循环经济法》中规定的废物清理设施;或者

（四）《水资源法》第六十条第三款所指的废水处理设施。

未经必要的批准或确定方案，或违反可执行的禁令，在欧盟其他成员国营运存储或使用危险物质及其混合物的设施，或营运从事危险活动的设施，足以对设施外的他人的身体或生命造成损害或对动物、植物、水体、空气或土地造成明显损害的，根据前款的规定处罚。

三、过失实施：

（一）第一款规定的行为的，处三年以下自由刑或罚金；

（二）第二款规定的行为的，处二年以下自由刑或罚金。

第三百二十八条　未经允许处理放射性物质与其他危险物质和物品

一、未经必要的批准或违反可执行的禁令，制作、存储、运输、加工或以其他方式使用、输入或输出下列物质的，处五年以下自由刑或罚金：

（一）核燃料；或者

（二）根据其种类、性质和数量，足以通过电离辐射造成他人死亡或严重损害他人健康，或对动物、植物、水体、空气或土地造成明显损害的放射性物质。

二、实施下列行为的，根据前款的规定处罚：

（一）依照《原子能法》负有运输核燃料的义务但未及时运输；

（二）将核燃料或第一款第二项规定的物质交付或通过中介交付给无权处理的人；

（三）造成核爆炸；或者

（四）促进他人实施第三项规定的行为或上述其他行为。

三、违反行政法上的义务实施下列行为，由此危害他人健康、他人所存的动物、植物或他人具有重大价值的财物的，处五年以下自由刑或罚金：

（一）在运营设施，特别是厂房或技术设施时，存储、加工、处理或以其他方式使用2008年12月16日欧洲议会和理事会关于物质和混合物的分级、标签和包装的（欧共体）第1272/2008号条例第3款规定的放射性物质、其他危险物质或混合物［前述条例修订与废止第67/548/EWC号与第1999/45/EG号指令，并修订最近由《（欧共体）第790/2009号条例》（欧盟法律公报，L 235，2009年9月5日，第1页）修改的《（欧共体）第1907/2006号条例》（欧盟官方公报，

L 353,2008 年 12 月 31 日,第 1 页)];

(二)运输、寄送、包装、拆装、装载、卸载、接受以及向他人转让危险物品。

四、本罪的未遂可罚。

五、过失实施行为的,处三年以下自由刑或罚金。

六、第四款与第五款的规定不适用于第二款第四项规定的行为。

第三百二十九条　危害须保护区域

一、(第一句)违反根据《联邦污染防治法》针对某些区域制定的,对空气污染或噪音造成的有害环境影响进行特别规定或在气候缺乏变化期间防止因空气污染而严重增加有害环境影响的法规,在该区域内运营设施的,处三年以下自由刑或罚金。(第二句)在前述区域内违反根据第一句所指的法规发布的可执行的命令,运营设施的,根据本款的规定处罚。(第三句)第一句与第二句的规定,不适用于机动车辆、有轨交通工具、航空器与水路交通工具。

二、(第一句)违反为保护水资源与矿泉保护区而颁布的法规或可执行的禁令,实施下列行为的:

(一)经营处理危害水体物质的营业设施;

(二)经营运输危害水体物质的管道设施或运输前述物质;或者

(三)在商业运营框架内开采砾石、沙子、黏土或其他固体物质;

处三年以下自由刑或罚金。(第二句)公营企业的设施视为第一句所指的营业设施。

三、违反为保护自然保护区、临时划定为自然保护区或国家公园的区域而颁布的法规或可执行的禁令,实施下列行为,由此严重违背保护目的的,处五年以下自由刑或罚金:

(一)开采、提取矿产资源或其他土地成分;

(二)挖沟或填土;

(三)获取、改变或去除水体;

(四)对沼泽、泥沼地、断层或其他湿地进行排水;

(五)砍伐森林;

(六)杀死、捕获、狩猎《联邦自然保护法》规定的特别受保护的动物,或损毁、移除其全部或部分的卵；

（七）损毁或移除《联邦自然保护法》规定的受特殊保护的植物；或者

（八）建造建筑物。

四、违反行政法上的义务，在“自然2000”区域内的下列栖息地造成重大损害，严重违背该区域的保护目标与保护目的的，处五年以下自由刑或罚金：

（一）2009年11月30日《欧洲议会和理事会关于保护野生鸟类的第2009/147/EG号指令》（《欧盟官方公报》，L 20，2010年1月26日，第7页）第四条第二款或附件I，或经《理事会第2013/17/EU号指令》最后修订（《欧盟官方公报》，L 158，2013年6月10日，第193页）的《1992年5月21日理事会关于保护自然栖息地和野生动植物的第92/43/EWG号指令》（《欧盟官方公报》，L 206，1992年7月22日，第7页）附件Ⅱ所列物种的栖息地；或者

（二）经《理事会第2013/17/EU号指令》最后修订（《欧盟官方公报》，L 158，2013年6月10日，第193页）的1992年5月21日《理事会关于保护自然栖息地和野生动植物的第92/43/EWG号指令》（《欧盟官方公报》，L 206，1992年7月22日，第7页）附件I中列出的自然栖息地。

五、过失实施：

（一）第一款与第二款规定的行为的，处二年以下自由刑或罚金；

（二）第三款规定的行为的，处三年以下自由刑或罚金。

六、行为人因重大过失实施第四款规定的行为的，处三年以下自由刑或罚金。

第三百三十条　加重的环境犯罪

一、故意实施本法第三百二十四条至第三百二十九条规定的行为，情节特别严重的，处六个月以上十年以下自由刑。情节特别严重原则上是指，行为人：

（一）危害水体、土地或本法第三百二十九条第三款中规定的保护区，造成的危害无法消除，或需要非常昂贵的费用或很长时间才能消除；

（二）危害公共排水设施；

（三）对属于严格保护物种的动植物种群造成持续性损害；或者

（四）出于获利动机而行为。

二、故意实施本法第三百二十四条至第三百二十九条规定的行为，且有下列情况的：

（一）使他人面临死亡或严重健康损害的风险或多数人健康损害危险；或者

（二）导致他人死亡。

在第一项规定的情况下，处一年以上十年以下自由刑；在第二项规定的情况下，如果该行为不受本法第三百三十条之a第一款至第三款规制，处三年以上自由刑。

三、在第二款第一项情况下，情节较轻的，处六个月以上五年以下自由刑；在第二款第二项情况下，情节较轻的，处一年以上十年以下自由刑。

第三百三十条之a　释放毒物造成严重危害

一、扩散、释放含有或可产生毒物的物质，由此使他人面临生命危险、严重健康损害的危险或多数人健康受损的危险的，处一年以上十年以下自由刑。

二、行为人的行为导致他人死亡的，处三年以上自由刑。

三、在第一款情况下，情节较轻的，处六个月以上五年以下自由刑；在第二款情况下，情节较轻的，处一年以上十年以下自由刑。

四、实施第一款规定的行为，过失引发危险的，处五年以下自由刑或罚金。

五、因重大过失而实施第一款规定的行为，过失引发危险的，处三年以下自由刑或罚金。

第三百三十条之b　主动悔罪

一、在本法第三百二十五条之a第二款，第三百二十六条第一款至第三款，第三百二十八条第一款至第三款，第三百三十条之a第一款、第三款与第四款情况下，如果行为人在重大损害发生前自愿阻止危险或消除其造成的状况的，法院可以依裁量减轻刑罚（本法第四十九条第二款）或不根据这些法条予以处罚。在同样条件下，行为人在本法第三百二十五条之a第三款第二项、第三百二十六条第五款、第三百二十八条第五款与第三百三十条之a第五款情况下不予处罚。

二、虽然没有行为人的行为也能阻止危险或消除违法造成的状况，但是行为人为实现这一目的自愿并真挚地作出努力的，仍适用本规定。

第三百三十条之 c　没收

一、实施本法第三百二十六条，第三百二十七条第一款、第二款，第三百二十八条，第三百二十九条第一款、第二款、第三款，第三百二十九条第三款与第五款协同规定，第三百二十九条第四款以及第四款与第六款协同规定的犯罪的，可以对下列物品予以没收。在此应适用本法第七十四条之 a 的规定：

（一）通过犯罪获得的物品，以及为实施、预备犯罪而使用或预定供此使用的物品；以及

（二）与犯罪行为有关的物品。

第三百三十条之 d　概念定义

一、在本章意义上：

（一）水体是指地表上的水、地下水或海水。

（二）核设施是指用于生产、处理、加工、裂变核燃料或提炼放射性核燃料的设施。

（三）危险物品是指《危险物品运输法》或基于该法所制定的法规中规定的物品，以及在上述法律法规的适用范围内有关国际危险物品运输的法律规定所涵盖的物品。

（四）行政法上的义务源自：

1. 法规；

2. 法院裁判；

3. 可执行的行政行为；

4. 可执行的义务；或者

5. 公法上的合同，只要该义务同样可以由行政行为施加；

且该义务服务于防止对环境，特别是对人类、动物、植物、水体、空气或土地造成危险或损害的目的。

（五）未经批准或方案确定，或未得到其他许可的行为，包括通过威胁、贿赂、勾结，或通过不正确或不完整的陈述而取得批准、确定方案或其他许可的情况。

二、在欧盟其他成员国实施本法第三百一十一条、第三百二十四条之 a、第三百二十五条、第三百二十六条、第三百二十七条与第三百二十八条规定的犯罪行为,本法意义上的:

(一)行政法上的义务;

(二)规定或许可的程序;

(三)禁令;

(四)禁止;

(五)得到许可的设施;

(六)批准;以及

(七)方案确定;

等同于欧盟其他成员国根据法律规定或主权行为而产生的义务、程序、禁令、得到许可的设施、批准与确定方案。本规定仅适用于为防止对环境,特别是对人类、动物、植物、水体、空气或土地造成危险或损害,而将欧盟或欧洲原子能共同体的法律行为转换为国内法适用的情况。

第三十章　职务犯罪

第三百三十一条　接受好处

一、公职人员、欧盟公职人员或对公职承担特别义务的人,以履行职务为对价而为自己或第三人索要、使他人承诺提供或接受好处的,处三年以下自由刑或罚金。

二、法官、欧盟法院成员或仲裁员,为自己或第三人索要、使他人承诺提供或接受好处,作为现在或未来实施的裁判行为的对价的,处五年以下自由刑或罚金。本罪的未遂可罚。

三、行为人使他人承诺提供或接受不是由行为人自己索要的好处,且主管机构在其职权范围内事先批准接受或行为人毫不迟延地报告后获得接受批准的,不根据第一款的规定处罚。

第三百三十二条　受贿

一、(第一句)公职人员、欧盟公职人员或对公职承担特别义务的人,为自己或第三人索要、使他人承诺提供或接受好处,作为现在或未来实施的违反职务上的义务的职务行为的对价的,处六个月以上五年以下自由刑。(第二句)情节较轻的,处三年以下自由刑或罚金。(第三句)本罪的未遂可罚。

二、法官、欧盟法院成员或仲裁员,为自己或第三人索要、使他人承诺提供或接受好处,作为现在或未来实施的裁判行为的对价,由此违反或将违反法官义务的,处一年以上十年以下自由刑。情节较轻的,处六个月以上五年以下自由刑。

三、行为人索要、使他人承诺提供或接受好处作为未来实施的行为的对价,且准备实施下列行为的，应适用第一款与第二款的规定：

（一）在行为中违反其义务；或者

（二）在其自由裁量权范围内，让自己在行使自由裁量权时受该好处的影响。

第三百三十三条　提供好处

一、向公职人员、欧盟公职人员、对公职承担特别义务的人、国防军士兵或第三人表示愿意提供、承诺提供或实际提供好处，以换取其履行职责的，处三年以下自由刑或罚金。

二、向法官、欧盟法院成员或仲裁员或第三人表示愿意提供、承诺提供或实际提供好处，作为其现在或未来实施的裁判行为的对价的，处五年以下自由刑或罚金。

三、主管机构在其职权范围内事先批准接受者接受好处，或接受者毫不迟延地报告后获得接受批准的，不根据第一款的规定处罚。

第三百三十四条　行贿

一、（第一句）向公职人员、欧盟公职人员、对公职承担特别义务的人、国防军士兵或第三人表示愿意提供、承诺提供或实际提供好处，作为其现在或未来实施的违反职务上的义务的职务行为的对价，处三个月以上五年以下自由刑。（第二句）情节较轻的，处二年以下自由刑或罚金。

二、向法官、欧盟法院成员或仲裁员或第三人表示愿意提供、承诺提供或实际提供好处，作为其实施下列行为的对价的：

（一）现在实施的违反法官义务的裁判行为；或者

（二）未来实施的将违反法官义务的裁判行为；

在第一项情况下处三个月以上五年以下自由刑，在第二项情况下处六个月以上五年以下自由刑。本罪的未遂可罚。

三、行为人以提供、承诺提供或实际提供好处作为让他人实施下列行为的对价的，应适用第一款与第二款的规定：

（一）在行为中违反其义务；

（二）在其自由裁量权范围内，让自己在行使自由裁量权时受该好处的影响。

第三百三十五条　加重的受贿与行贿

一、下列情况下情节特别严重的：

（一）实施下列行为的，处一年以上十年以下自由刑：

1. 本法第三百三十二条第一款第一句，以及其与第三款协同规定的行为；以及

2. 本法第三百三十四条第一款第一句与第二款，以及前述各条款与第三款协同规定的行为。

（二）实施本法第三百三十二条第二款，以及其与第三款协同规定的行为的，处二年以上自由刑。

二、第一款所指的情节特别严重原则上是指，行为人：

（一）行为涉及数额巨大的好处；

（二）持续接受好处，该好处是其索要的作为将来实施行为的对价；或者

（三）实施常业性犯罪或作为以持续实施此类行为为目的的团伙的成员实施犯罪行为。

第三百三十五条之 a　外国或国际公职人员

一、在适用本法第三百三十一条第二款、第三百三十三条第二款、第三百三十二条、第三百三十四条，以及各条与本法第三百三十五条的协同规定且涉及未来的法官行为与职务行为时，下列身份视为与本国公职人员等同：

（一）法官：

外国或国际法庭的成员。

（二）其他公职人员：

1. 外国的公职人员或受委托为外国履行公共事务的人员；

2. 国际组织的公职人员或受委托为国际组织履行公共事务的人员；

3. 外国的士兵或受委托为国际组织履行事务的士兵。

二、在适用本法第三百三十一条第一款与第三款以及第三百三十三条第一款与第三款且涉及未来的职务行为时，下列身份视为与本国公职人员等同：

（一）法官：

国际刑事法院的成员。

（二）其他公职人员：

国际刑事法院的公职人员。

三、在适用本法第三百三十三条第一款与第三款且涉及未来的职务行为时，下列身份视为与本国公职人员等同：

（一）联邦国防军士兵：

北大西洋公约组织的其他缔约国部署在德意志联邦共和国的军队中的成员，这些军队成员在行为时身处德国境内。

（二）其他公职人员：

上述军队的公职人员。

（三）对公职承担特别义务的人：

在军队任职、为军队工作或根据军队上级机构的一般性或特别性指令负有认真履行其正式职责的义务的人。

第三百三十六条　不履行职务行为

不履行职务行为的，在法律评价上等同于以积极作为的方式实施第三百三十一条至第三百三十五条之a规定的行为。

第三百三十七条　仲裁员报酬

仲裁员的报酬，仅在仲裁员背着一方当事人向另一方索要、使他人承诺或接受报酬，或一方当事人背着另一方向仲裁员提供、承诺或支付报酬时，才能视为本法第三百三十一条至第三百三十五条所指的好处。

第三百三十八条　（删除）

第三百三十九条　徇私枉法

法官、其他公职人员或仲裁员在审理或裁判法律案件的过程中，为当事人一方的利益或不利益而有责任地徇私枉法的，处一年以上五年以下自由刑。

第三百四十条　职务上的故意伤害

一、（第一句）公职人员在履行职务或实施与职务有关的行为时，实施身体伤害行为或让他人实施身体伤害行为的，处三个月以上五年以下自由刑。（第二句）情节较轻的，处五年以下自由刑。

二、本罪的未遂可罚。

三、对第一款第一句规定的情况,参照适用本法第二百二十四条至第二百二十九条的规定。

第三百四十一条至第三百四十二条 (删除)

第三百四十三条 强制取供

一、作为公职人员,在参与下列程序时,为了在程序中强迫他人做声明、澄清或不做声明、澄清,而虐待他人身体或对他人使用暴力或以暴力相威胁或施加精神折磨的,处一年以上十年以下自由刑:

(一)刑事程序、官方拘禁命令程序;

(二)罚款程序;或者

(三)公职人员惩戒程序、专业人员惩戒程序或职业惩戒程序。

二、情节较轻的,处六个月以上五年以下自由刑。

第三百四十四条 对无罪的人进行追诉

一、(第一句)除剥夺人身自由处分(本法第十一条第一款第八项)的命令程序外,作为公职人员,在参与刑事程序时,蓄意或明知对无罪的人或不应进行刑事追诉的人进行刑事追诉或努力促成前述追诉的,处一年以上十年以下自由刑,情节较轻的,处三个月以上五年以下自由刑。对参与官方拘禁命令程序的公职人员,参照适用第一句的规定。

二、作为公职人员,在参与非剥夺人身自由处分(本法第十一条第一款第八项)的命令程序时,蓄意或明知对不应进行刑事追诉的人进行刑事追诉或努力促成前述追诉的,处三个月以上五年以下自由刑。对参与下列程序的公职人员,参照适用第一句的规定:

(一)罚款程序;或者

(二)公职人员惩戒程序、专业人员惩戒程序或职业惩戒程序。

三、本罪的未遂可罚。

第三百四十五条 对无罪的人执行刑罚、措施或命令

一、作为公职人员,在参与执行刑罚、剥夺自由的矫正与保安处分措施或官方拘禁命令时,对依法不得执行前述刑罚、措施或命令的人执行的,处一年以上十年以下自由刑,情节较轻的,处三个月以上五年以下自由刑。

二、行为人因重大过失实施行为的，处一年以下自由刑或罚金。

三、除第一款情况外，在参与执行刑罚或处分（本法第十一条第一款第八项）时，对依法不得执行前述刑罚或处分的人执行的，处三个月以上五年以下自由刑。作为公职人员，在执行下列措施时，对依法不得执行的人执行刑罚或处分的，根据本款的规定处罚：

（一）少年拘禁；

（二）根据违反《秩序法》实施的罚款或附随后果；

（三）违反法庭命令而科处的罚款或拘禁；或者

（四）公职人员惩戒措施、专业人员惩戒措施或职业惩戒措施。

第三百四十六条至第三百四十七条　（删除）

第三百四十八条　公职人员作虚假证明

一、作为有权在公共文书中作记载的公职人员，在其职权范围内对具有重要性的法律事实不作真实记载，或在公共记录、书籍或数据中作虚假登记或记载的，处五年以下自由刑或罚金。

二、本罪的未遂可罚。

第三百四十九条至第三百五十一条　（删除）

第三百五十二条　收取超额费用

一、公职人员、律师或其他有权就公共事务为自己利益收取费用或报酬的法律顾问，明知支付者无支付义务或仅有支付小额款项义务，仍向其收取费用或报酬的，处一年以下自由刑或罚金。

二、本罪的未遂可罚。

第三百五十三条　收取超额款项；克扣给付

一、为国库收取税款、费用或其他款项的公职人员，明知支付者无支付义务或仅有支付小额款项义务，仍向其收取或超额收取款项，且未将该款项的全部或部分交付国库的，处三个月以上五年以下自由刑。

二、作为公职人员，违法克扣应交付给收款人的金钱或实物，且在收据上作全额给付的记载的，根据前款的规定处罚。

第三百五十三条之 a　在外交工作中背信

一、在代表德意志联邦共和国面对外国政府、国家共同体或国家间组织时，违反公务上的指示或意图误导联邦政府而对事实作不真实的报告的，处五年以下自由刑或罚金。

二、该行为的追诉需要联邦政府的授权。

第三百五十三条之 b　侵害职务秘密或违反特定的保守秘密义务

一、（第一句）具有下列身份，未经授权将委托于其或其知悉的秘密公开，由此危害重要的公共利益的，处五年以下自由刑或罚金：

（一）公职人员；

（二）对公职承担特别义务的人；

（三）根据《公职人员代表法》接受任务或职权的人；或者

（四）欧盟公职人员。

（第二句）行为人过失危害公共利益的，处一年以下自由刑或罚金。

二、除第一款规定的情况外，因下列情况负有保密义务，未经授权向他人披露或向公众公开应予保密的物品或信息，由此危害重要的公共利益的，处三年以下自由刑或罚金：

（一）根据联邦或州立法机构或其委员会的决议承担义务；或者

（二）由其他机构告知违反保密义务的刑事可罚性而正式负有义务。

三、本罪的未遂可罚。

三 a、《刑事诉讼法》第五十三条第一款第一句第五项所述人员如果对秘密、物品或消息负有特别保密义务，且其帮助行为仅为接受、利用或公开前述秘密、物品或消息的，不属于违法行为。

四、（第一句）本罪获得授权才能追诉。（第二句）授权以下列方式获得：

（一）由立法机构主席授权：

1. 在第一款情况下，如果行为人在联邦或州立法机构工作或为其工作期间知悉秘密；

2. 在第二款第一项情况下。

（二）由上级联邦政府部门授权：

1. 在第一款情况下,如果行为人在联邦政府部门或其他官方机构工作或为前述部门或机构工作期间知悉秘密;

2. 在第二款第二项情况下,如果行为人承担了联邦官方机构赋予的义务。

(三)在第一款第一句第四项情况下,如果行为人在欧盟机构工作期间知悉秘密的,由联邦政府授权。

(四)在第一款与第二款第二项的其他情况下,由州政府部门授权。

(第三句)在本款第二句第三项情况下,只有在行为人的供职机构提出请求时才能追诉。

第三百五十三条之 c (删除)

第三百五十三条之 d 泄露法庭审理情况

实施下列行为的,处一年以下自由刑或罚金:

(一)违反法律禁令,将不予公开的法庭审理情况或与案件有关的官方文书内容公开;

(二)违反法院依法要求的沉默义务,将不公开的法庭审理情况或因接触官方文书而知悉的案件情况公开;或者

(三)将起诉书或刑事程序、罚款程序、惩戒程序的其他官方文书的全部或部分已知内容,在公开审理或诉讼程序终结前公开。

第三百五十四条 (删除)

第三百五十五条 侵害税收秘密

一、未经授权,公开下列信息的,处二年以下自由刑或罚金:

(一)作为公职人员在下列程序中获取的他人的个人数据:

1. 行政程序、审计程序或税务诉讼程序;

2. 税务犯罪的刑事程序或税务行政违法案件的罚款程序;

3. 根据《财税法》第二十九条之 c 第一款第一句第四项、第五项与第六项进行进一步处理的程序,或是出于其他官方原因而进行的进一步处理的程序,特别是基于税务机关的通知,或是出示法律规定的征税通知书,或是纳税相关确认证明。或者

(二)作为公职人员在第一项所指程序中获取的他人的营业或商业秘密。

公职人员在第一项所指程序中通过非法访问或查阅而获取数据的，视为其已知悉他人的个人数据或他人的营业或商业秘密。与已识别的或具有识别可能性的已死亡自然人或已消灭的团体、具有或不具有法律行为能力的人合组织或财产集合体有关的信息，应被视为他人的个人数据。

二、下列人员视为第一款所指的公职人员：

（一）对公职承担特别义务的人；

（二）官方聘请的鉴定人；以及

（三）教会或其他公法上的宗教团体中承担公务的职员。

三、该行为只有在监督者或被害人提起告诉时才能追诉。对于官方聘请的鉴定人，除被害人之外，牵涉相关程序的政府部门的首长也有权提出告诉。

第三百五十六条　对当事人的背信

一、律师或其他法律顾问在受委托的案件中，违反义务就同一法律案件向双方当事人提供建议或帮助的，处三个月以上五年以下自由刑。

二、与对方当事人合谋使自己代理的当事人遭受不利的，处一年以上五年以下自由刑。

第三百五十七条　诱导下级实施犯罪

一、上级公职人员诱导或试图诱导下级公职人员实施公务上的违法行为，或放任下级公务员实施前述违法行为的，根据该违法行为的法定刑对上级公职人员科处刑罚。

二、前款规定适用于受托监督或控制另一公职人员执行公务的公职人员，只要受监督或控制的公职人员实施的违法行为与监督或控制的公务行为有关。

第三百五十八条　附随后果

实施本法第三百三十二条、第三百三十五条、第三百三十九条、第三百四十条、第三百四十三条、第三百四十四条、第三百四十五条第一款与第三款、第三百四十八条、第三百五十二条至第三百五十三条之b第一款、第三百五十五条与第三百五十七条规定的行为，除处六个月以上自由刑外，法院还可以剥夺其担任公职人员的资格（本法第四十五条第二款）。